WÜRZBURG.

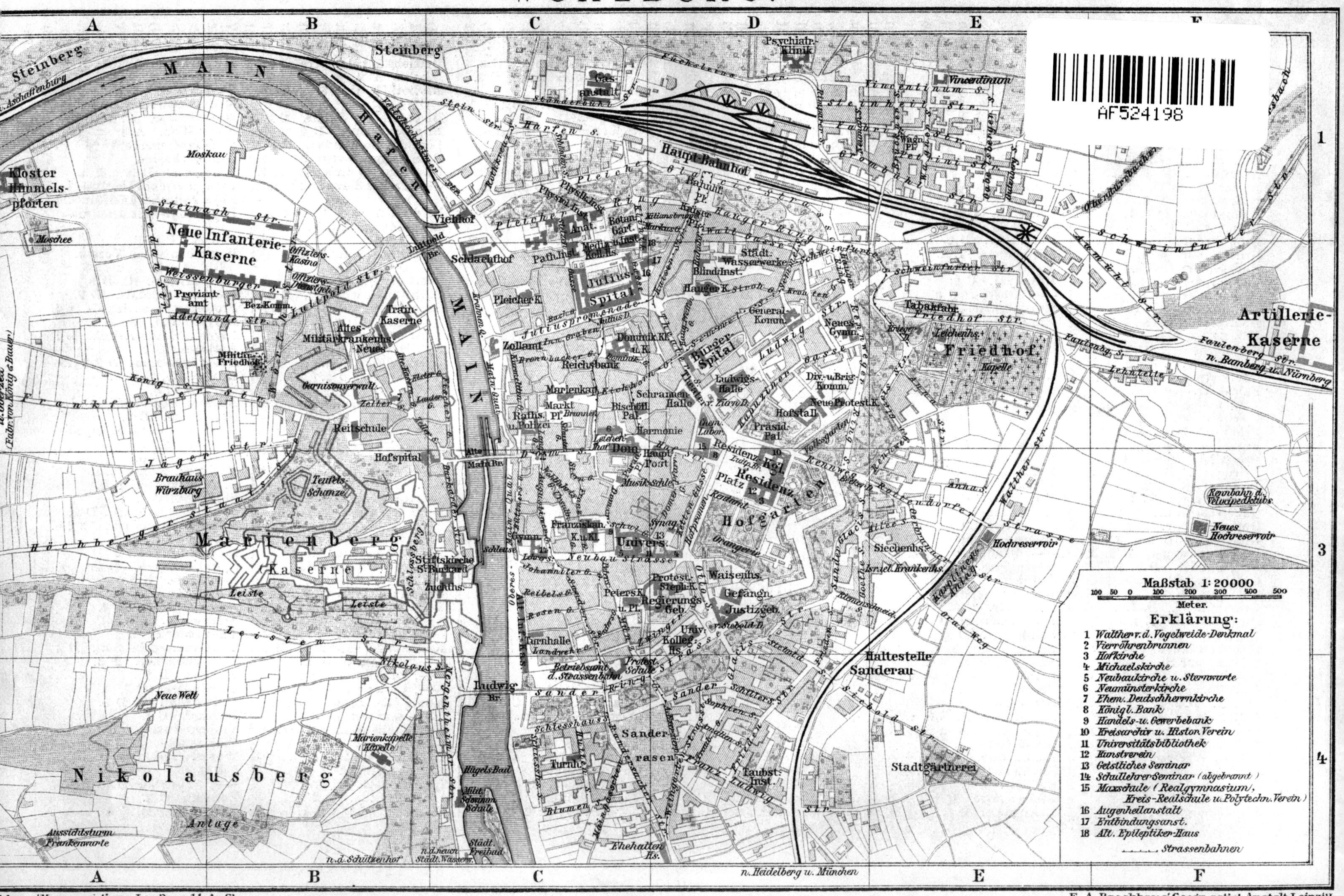

khaus' Konversations-Lexikon 14. Aufl.

F. A. Brockhaus' Geogr.-artist. Anstalt, Leipzig

Thomas Naumann/Ferdinand von Rüden

Verkehrsknoten Würzburg

EK-Verlag

Impressum

Titel

Oben: 45 014 verlässt am 6. September 1955 mit dem D 373 (München – Osnabrück) Würzburg Hbf. Die mächtige 1' E 1' h3-Lok wird den Schnellzug bis Fulda führen, wo ihn eine 01^{10} übernehmen wird. Der D 373 ist aus den damals hochmodernen 26,4 m langen Leichtschnellzugwagen BC4ymg-51 und C4ymg-51 gebildet. Aufnahme: Sammlung Manfred von Kampen

Links unten: Während die Eidelstedter 110 302 im Winter 1971 mit einem Schnellzug aus dem Würzburger Hauptbahnhof in Richtung Nürnberg ausfährt, wartet 220 056 vom Bw Würzburg im Vorfeld darauf, ihren Zug nach Stuttgart übernehmen zu können. Aufnahme: Archiv EK-Verlag

Rechts unten: Am 3. Mai 1969 begegnen sich die fast noch fabrikneuen Gelenkwagen 236 und 237 am stadtseitigen Ende der Löwenbrücke im Einsatz auf ihrer Stammlinie 3. Wagen 236 ist als Methusalem der Würzburger Straßenbahn bei Abschluss des Manuskriptes noch immer im Einsatz und kurz vor Erreichen seines 50. Einsatzjahres Aufnahme: Dieter Höltge

Rücktitel

Mit Blick auf den Hauptbahnhof strebt der in eigener Werkstatt auf alten Fahrgestellen aufgebaute Gelenkwagen 222 am Anfang der Kaiserstraße seinem Ziel Sanderau zu. Im Hintergrund steht ein weiterer Vertreter dieses in Würzburg C-Wagen genannten Typs, und einer der zum Aufnahmezeitpunkt Anfang Mai 1969 ganz neuen Duewag-Sechsachser. Man beachte auch die damals erst ein Jahr alten Aufkleber an der Wagenfront, die auf den schaffnerlosen Betrieb hinweisen. Aufnahme: Dieter Höltge

ISBN: 978-3-88255-247-8

Gestaltung: Roland Scheller
Bildbearbeitung/Produktion: Jens Gutjahr, Sabine Ressel, Rico Schreiber

Unser Gesamtverzeichnis erhalten Sie kostenlos unter
Telefon 0761-70 31 00 oder unter service@eisenbahn-kurier.de

Vorsatz

Links: Der große Ausschnitt aus der DB-Streckenkarte von 1962 zeigt im erweiterten Radius die Einbindung des Eisenbahnknotens Würzburg in das Netzgefüge der Deutschen Bundesbahn. Die kleine Karte hingegen (entnommen dem Reichsbahn-Kursbuch Bayern vom Sommer 1937) zeigt im die im unmittelbaren Umkreis von Würzburg behandelten Strecken dieses Buches mit ihren Kursbuchnummern auf und stellt auch noch den Verlauf der kleinen Stichbahn von Dettelbach Bahnhof nach Dettelbach Stadt dar. Karten: Sammlung Thomas Naumann

Rechts: Das Brockhaus Konversations-Lexikon in der 14. Auflage, aus dem dieser Würzburger Stadtplans stammt, erschien zwischen 1892 und 1897. Besonders schön nachvollziehbar sind Lage und Verlauf der Bahnlinien und des Mains mit seinen damligen Brückenübergängen. Karte: Sammlung Ferdinand von Rüden

Nachsatz

Links: Erläuterungen mit Straßenbahnen und Omnibussen in Würzburg

Rechts: FAHR MIT

Zur Einführung des schaffnerlosen Betriebes bei den Straßenbahnen und Omnibussen in Würzburg informierten die Verkehrsbetriebe über die Handhabung des neuen und heute so selbstverständlichen Systems. Neben der vergleichsweise einfachen Umstellung auf die Selbstentwertung der Fahrscheine und die Betätigung von Druckknöpfen zur automatischen Öffnung der Wagentüren wurde auch die Fahrpreisberechnung anhand von Zonenteilstrecken und Zahlgrenzen thematisiert – ein bis heute im gesamten ÖPNV vielfach von Fahrgästen als schwierig empfundenes Kapitel … Sammlung Reiner Bimmermann

EK-Verlag GmbH • Lörracher Str. 16 • D-79115 Freiburg • www.eisenbahn-kurier.de

Inhaltsverzeichnis

Bild 1 – Panoramaansicht der Stadt Würzburg, des Mains und der Bahnanlagen, gesehen vom Steinberg aus, einer der bis heute weltweit besten Weißweinlagen. Am 16. Oktober 1958 herrschte auf der Nord-Süd-Strecke nördlich von Würzburg noch – fast – uneingeschränkt „König Dampf“, denn die Fahrleitungsanlagen des elektrischen Betriebs dienten damals nur den Zügen in Richtung Aschaffenburg – Frankfurt (M), so dass zwischen Würzburg und Gemünden (Main) die Reisezüge noch diesel- oder dampfbespannt unterwegs waren. Die seit April 1958 mit einem Neubaukessel ausgestattete 41 006 vom Bw Fulda ist mit dem abendlichen E 4055 auf dem Weg in ihre Heimatstadt. In Bildmitte die damals noch genutzten Anlagen des alten Hafens. Aufnahme: Carl Bellingrodt, Sammlung Eisenbahnstiftung

November 1927

103

SA 7.01, SU 4.29; MA 1.33, MU 9.06	SA 7.03, SU 4.24; MA 3.04, MU 0.0	SA 7.05, SU 4.22; MA 3.24, MU 1.03
3	**4**	**5**
Donnerstag	Freitag	Sonnabend
1838 Das 1. preuß. Eisenbahngesetz. 1852 Eröffn. d. 1. Eisenbahn in Unterfranken Bamberg-Würzburg.	1904 Erlaß der Eisenbahn-Bau- u. Betriebsordnung mit Gültigkeit vom 1. Mai 1905.	

Präsident Koch — Verwaltungsgebäude

Reichsbahndirektion Würzburg.

Am 3. November 1852 wurde die Strecke Bamberg-Schweinfurt als erste Eisenbahn in Unterfranken eröffnet. Zwei Jahre später folgte die Linie Schweinfurt-Würzburg, mit deren Eröffnung der Eisenbahndienst im unterfränkisch-aschaffenburgischen Kreise mit dem Postdienst vereinigt wurde. Ein Oberpost- und Bahnamt trat damals in Würzburg ins Leben. In der Folgezeit wurden wichtige von Würzburg ausgehende Bahnen nach Ansbach, Nürnberg, Aschaffenburg und nach der badischen Grenze dem Betrieb übergeben. Im Jahre 1875 wurde dann der Eisenbahndienst von dem Postdienst getrennt und besondere Oberbahnämter gegründet, deren Leiter seit der Neuorganisation von 1886 den Titel „Direktor" führten. Durch die Neuorganisation von 1901 erhielt das Oberbahnamt die Bezeichnung „Eisenbahn-Betriebsdirektion", aus der die Verwaltungsordnung für die Staatseisenbahnen im Jahre 1907 die „Eisenbahndirektion" und die Verreichlichung im Jahre 1922 die „Reichsbahndirektion" Würzburg machte.

Präsidenten:

Euler-Chelpin	1854—1861
Frh. von Schellerer	1861—1876
Wolf	1876—1881
Eickemeyer	1881—1903
Rasp	1903—1907
v. Welcker	1907—1919
Dasch	1919—1921
Koch	seit 1922

Stand am 31. 12. 1925:

Betriebslänge	km	1229
Ämter		14
Stationen		290
Bahnmeistereien		47
Bahnbetriebswerke		4
Personal	Köpfe	8383

DEUTSCHER REICHSBAHN-KALENDER

Bilder: Photo-Gundermann, Würzburg

Fernsprechamt Würzburg nach der Zerstörung

Dasselbe im Wiederaufbau

Der neue Fernamtssaal

Die Deutsche Post baut wieder auf

Sogleich nach der Besetzung der Stadt Würzburg hat das Postpersonal die ungeheuren Schuttmengen der zerstörten Dienstgebäude selbst beseitigt und den Post- und Fernmeldedienst in notdürftigen Behelfsräumen versehen, bis die wiedererstandenen Ämter bezogen werden konnten. Die Abbildungen zeigen das Fernsprechamt Würzburg.

Keine veralteten Fernsprechbücher benutzen! Sie vermeiden Kosten und Verdruß.

März 1950

30. 1924 Rundfunksender Frankfurt (M.) – München eröffnet.

31. 1869 Schwedisches Postamt in Hamburg aufgehoben.
1891 Erste Seeposten Deutschland – Nordamerika.
1900 Eingehen der Privat-Briefbeförderungsanstalten.
1934 Aufhebung der Oberpostdirektionen in Darmstadt, Halle (Saale), Konstanz, Liegnitz und Minden (Westf).

29	**30**	**31**
Mittwoch	Donnerstag	Freitag
SA 5.43 MA 12.21	SA 5.41 MA 13.49	SA 5.39 MA 15.18
SU 18.28 MU 4.28	SU 18.30 MU 4.47	SU 18.31 MU 5.02

31

DEUTSCHER POST-KALENDER

Würzburg Hauptbahnhof

Als die Bahnlinie aus Bamberg am 1. Oktober 1854 die Stadt erreichte, befanden sich die im Umfang noch sehr bescheidenen Bahnanlagen in der Stadtmitte auf den Flächen des heutigen Stadttheaters und der sich anschließenden Ludwigstraße. Diese erste, später „Alter Bahnhof" genannte Station war ein Kopfbahnhof, der eines Durchbruchs durch die damals noch funktionsfähig erhaltenen Befestigungsanlagen um die Stadt bedurfte, damit die Gleise überhaupt erst dorthin gelegt werden konnten. Rasch wurde dieser Bahnhof zu klein. Da er dort weder erweiterungsfähig noch betrieblich leistungsfähig zu gestalten war, errichtete man bis 1865 auf den großen, freien Flächen nördlich – unmittelbar außerhalb des mittlerweile funktionslosen Befestigungsringes – einen um ein Vielfaches größeren Durchgangsbahnhof.

Da ließ sich vielleicht schon erahnen, dass sich die alte fränkische Bischofsstadt rasch zu einem der wichtigsten deutschen Bahnknoten entwickeln würde. Mit der Eisenbahn entstanden für ihre Beschäftigten der neue Stadtteil Grombühl im charakteristischen Schachbrettmuster, ein großer – sich bis Veitshöchheim hinziehender – Rangierbahnhof in der Zellerauer Talbucht und eines der großen deutschen Bahnbetriebswerke, das noch zu Beginn der vollständigen Elektrifizierung des Knotens rund 200 Lokomotiven beheimatete.

Bis in die siebziger Jahre des letzten Jahrhunderts war die Eisenbahn in Würzburg der größte Arbeitgeber. Mit dem forcierten Abbau der Lokbestände in den achtziger Jahren sollte sich das grundlegend ändern. Heute nutzen zwar mehr Fahrgäste denn je die am Würzburger Hauptbahnhof haltenden Züge, und die Zahl der täglich angebotenen Züge liegt viel höher als je zuvor. Ähnlich ist es im Güterverkehr, wo sich die vorwiegend mit Containern und Sattelaufliegern gut gefüllten Durchgangsgüterzüge oft im Blockabstand folgen. Aber im Zeitalter des fast vollständig digitalisierten Betriebs sind es nicht mehr viele Menschen, die gebraucht werden, um das alles abzuwickeln.

Beim eigenen Aufkommen im Güterverkehr war Würzburg dagegen immer ein „Zwerg". Die Universitäts-, Beamten- und Rentnerstadt war nie ein Freund des produzierenden Gewerbes, und man achtete immer darauf, sich störende Betriebe vom Leibe zu halten, die potenziell die Ruhe der – treffend „sonntägliche Stadt" genannten – Bischofsresidenz störten. Der kleine Güterbahnhof unmittelbar am Hauptbahnhof diente mit wenigen Gleisen der Stückgutverladung, dazu gab es den Ladehof Aumühle und einige wenige Anschlussgleise im Alten und Neuen Hafen, in Heidingsfeld und entlang der Nürnberger Straße. Regelmäßig – und rege – bedient werden heute nur noch das Tanklager im Zeller Industriegebiet und zwei Anschlüsse in Heidingsfeld. Alle anderen Anschlussgleise, der Güterbahnhof am Hauptbahnhof selbst sowie der Ladehof Aumühle sind abgebaut und Geschichte.

Dank seiner Lage „wie die Spinne im Netz" großer Fernverbindungen profitierte der Würzburger Hauptbahnhof immer von einem herausragend guten Angebot nationaler und internationaler Schnellzugverbindungen. Diese Angebote werden von den Bewohnern auch rege genutzt, heute in Zeiten des ICE-Verkehrs sogar besser denn je. Immer war Würzburg von Anfang an mit dabei, wenn Neuerungen die Bahnwelt der DB veränderten. Bei der Einführung des IC-Taktverkehrs als einer der fünf Systemknoten im Streckennetz der Deutschen Bundesbahn, oder zu Beginn des Hochgeschwindigkeitsverkehrs mit dem ersten Abschnitt der Schnellfahrstrecke Würzburg – Fulda. Im Würzburger Hauptbahnhof gab es Verbindungen im kurzlebigen DC-Verkehr, ebenso wie die ersten Versuche, über Autobahnen geführte Fernbusse als Zugersatz von und nach Heilbronn einzusetzen.

Lange Zeit unerreicht blieb Würzburg Hbf beim Umstellen von Kurswagen. Die Fernzüge der großen nationalen und internationalen Laufwege hatten hier lange Aufenthalte zu verzeichnen, während derer eine ganze Schar von Rangierlokomotiven damit beschäftigt war, rastlos Züge zu zerlegen und sie in anderer Form wieder zusammenzustellen.

Bild 8 (nächste Seite, links) – Das Bild zeigt die Gleisanlagen des Hauptbahnhofs unmittelbar bei Beginn der Bombenabwürfe der amerikanischen Air Force am 23. Februar 1945; mittig im oberen Bildviertel sieht man die beiden ersten Leuchtmarkierungen im Fall. Gut zu erkennen sind die Bahnsteige sowie die drei Ringlokschuppen des Bahnbetriebswerks. In **Bild 9 (nächste Seite, rechts)** ist die Bombardierung des Hauptbahnhofs in vollem Gange. Schwer getroffen werden u.a. der Empfangsgebäude, das Haus 3 des Bahnbetriebswerks und die Grombühlbrücke in der Bahnhofseinfahrt aus Richtung Rottendorf. Am 16. März 1945 wurde die Stadt weitestgehend in Staub und Asche gelegt, als über 500 Flugzeuge der britischen Royal Air Force die Würzburger Gebäudesubstanz zu 79,6 %, die Innenstadt mit ihren todbringende Spreng- und Stabbrandbomben sogar zu 90 % zerstörte und das Leben von rund 4.000 Menschen auslöschten. Ein Teil der Zerstörungen von Bahnanlagen und Stadt ging aber auch auf das Konto der abrückenden deutschen Truppen. Zwischen 22. und 31. März 1945 zerstörten sie Kasernen, Fabriken, Brücken und weitere Bahnanlagen. So fiel die Heidingsfelder Mainbrücke am 31. März 1945 der Sprengung durch deutsche Pioniere zum Opfer. Nach dem Einmarsch der US-Armee Anfang April kam Würzburg endgültig am 6. April 1945 in amerikanische Hand.
Aufnahmen (2): Sammlung Dr. Brian Rampp

Zahlen, Daten, Fakten

1. Juni 1854	Eröffnung des Ludwigsbahnhofs – erster Würzburger Bahnhof, errichtet als Kopfbahnhof innerhalb der Stadtbefestigung.
1862	Entscheidung zum Bau eines Durchgangsbahnhofes im Norden der Stadt als Ersatz für den „Alten Bahnhof".
1863	Baubeginn für das Empfangsgebäudes. Der Architekt Friedrich Bürklein, der u.a. für die Realisierung der Bahnhöfe Augsburg, Bad Kissingen, Bamberg, München Central, Nördlingen und Nürnberg verantwortlich zeichnete, wurde mit dem Projekt beauftragt.
1. Juli 1864	Inbetriebnahme als Königlich-Bayerischer und Großherzoglich-Badischer Bahnhof.
1867	Umbenennung in Centralbahnhof.
1869	Fertigstellung aller Bauarbeiten am Empfangsgebäude, Inbetriebnahme der neuen Station als Hauptbahnhof.
23. Feb. 1945	Zerstörung des Bahnhofgebäudes und großer Teile der Bahnanlagen durch Luftangriff der U.S. Air Force. Kurz nach Kriegsende begann der Wiederaufbau der Gleisanlagen.
16. März 1945	Bombardierung des ehemaligen Ludwigsbahnhofes durch Luftangriffe der britischen Royal Air Force.
8. Mai 1945	Stillstand des Gesamtverkehrs im Würzburger Hbf.
Dez. 1945	Alle Strecken im Zulauf auf Würzburg sind – wenn auch in Teilen nur provisorisch – wieder befahrbar.
1952	Baubeginn für die Neuerrichtung der Empfangshalle in schlichter Nachkriegsarchitektur.
2. Okt. 1954	Einweihung des neuen Bauwerkes, parallel mit dem Abschluss der Streckenelektrifizierung Fürth – Würzburg.
1959	Inbetriebnahme eines neuen Drucktastenstellwerks auf dem Bahnsteig zwischen den Gleisen 8/99 als Ersatz für fünf alte Stellwerke.
bis 1961	Abschließende Komplettierung der Gebäudeanlagen.
bis 1965	Beseitigung der Ruinenreste des ehemaligen Ludwigsbahnhofs.
29. Mai 1988	Inbetriebnahme der Neubaustrecke Würzburg – Hannover im Teilabschnitt bis Fulda.
1989 bis 1999	Umbau der Bahnhofseinfahrten zur Steigerung der Ein- und Ausfahrgeschwindigkeiten in den Knoten und damit einhergehende Erhöhung der Gesamt-Leistungsfähigkeit.
Sommer 1991	Würzburg Hbf wird mit der Einführung des InterCity-Express – als neu geschaffener höchster Zuggattung der DB – zum ICE-Bahnhof erhoben.
seit 2014:	Sanierung und barrierefreier Ausbau des Hauptbahnhofs mit Teilabschluss (Bahnsteige 1-4) bis zur Landesgartenschau 2018. Weitergehende Umbau- und Erneuerungsmaßnahmen sind durch Planfeststellungsbeschlüsse vorgezeichnet.
Sonstiges:	Neben seiner zentralen Bedeutung im Personenverkehr der DB bewältigt der Würzburger Hauptbahnhof werktäglich auch eine extrem hohe Anzahl von Güterzugdurchfahrten, zudem werden hier noch immer zahlreiche Regionalzüge rangierdienstlich abgewickelt. Durch seine Verknüpfungsfunktion von Eisenbahn, Straßenbahn und Omnibus gilt der Würzburger Hauptbahnhof als wichtigste Verkehrsdrehscheibe des öffentlichen Nahverkehrs in der Region Mainfranken.

Bild 10
Aus anderer Perspektive zeigen sich hier die Zerstörungen am und um das Areal des Würzburger Hauptbahnhofes. Vorne links im Bild zu erkennen sind die verbliebenen Anlagen der Städtischen Gaswerke. Darüber gut auszumachen ist das Bahnbetriebswerk mit seinen drei Drehscheiben samt großen Rundlokschuppen. Haus 3 (unten) zeigt sich weitgehend als Ruine, auch Haus 2 und 1 erlitten ganz erhebliche Kriegsschäden. Im Zentrum des Luftbildes vom 11. April 1945 sind die Gleisanlagen des Hauptbahnhofes samt dem schwerst getroffenen Empfangsgebäude. Im direkten Umfeld vermitteln die Überreste der ausgebombten Häuser nur einen annähernden Eindruck vom Leid, das die Bombardierungen für die Bewohner und ihre Stadt mit sich brachten.

Aufnahme:
Sammlung Dr. Brian Rampp

Bild 11 (oben links) – In der Ständerbühlstraße, in unmittelbarer Nachbarschaft zum Bahnbetriebswerk Würzburg, entstand 1875 das Städtische Gaswerk. In erkennbar typischer Bauhaus-Architektur zeigt sich auf diesem Foto vom April 1945 das von Bombentreffern gezeichnete Verwaltungsgebäude. Nach dem Wiederaufbau im „Stil der neuen Sachlichkeit" wurde hier noch bis 1965 das Gas für Würzburgs städtische Beleuchtung und Heizung erzeugt. Der im Vordergrund stehende Güterwagen vom Typ „Om" gibt mit seiner Beschriftung „BMB" und „CMD" Anlass zu einem kurzen Exkurs in die Geschichte: Mit der Auflösung der Tschechoslowakei am 15. März 1939 und der Errichtung des Protektorats Böhmen und Mähren kam es zur Auftrennung in eigenständige Eisenbahnen. Die CMD-BMB (deutsch: Böhmisch-Mährische Eisenbahn), bei der dieser Wagen eingestellt ist, erhielt ihre organisatorische Eigenständigkeit, wurde aber der Deutschen Reichsbahn unterstellt.

Bild 12 (oben rechts) – Bis zur Zerstörung gegen Ende des Zweiten Weltkrieges befand sich östlich der Grombühlbrücke ein Ladehof des Würzburger Güterbahnhofes, von dem die Luftangriffe nicht viel übriggelassen haben. Der Blick von der Brücke am 11. April 1945 fällt auf zerstörte Gebäude, ausgebrannte oder schwer beschädigte Güterwagen und kaum etwas, was noch wieder verwertbar erscheint. Nach aktuellen Planungen soll auf diesen Flächen in den kommenden Jahren eine Multifunktionsarena entstehen. Dann werden dort Sport- oder Musikereignisse stattfinden und jeder, der die Bahn für die Anfahrt wählt, wird den kurzen Weg vom Bahnhof zum Veranstaltungsort schätzen. Dies ist aber auch der einzige Bahnbezug, der sich mehr als 70 Jahre später mit diesem Areal noch darstellen lässt.

Bild 13 (unten links) – Vor einem blankgeputzten Chevrolet erwarten am 29. August 1951 drei Brigadegeneräle der U.S. Army vermutlich die Ankunft eines ranghohen Besuchs. Zwischen 1945 und 2008 waren in der ehemals bedeutsamen Garnisonsstadt Würzburg bis zu 18.000 amerikanische Soldaten samt Familienangehörigen und Zivilangestellten stationiert. Die Kriegsfolgen am Dach des Hausbahnsteiges am Würzburger Hbf sind noch gut sichtbar. Aufnahmen (3): Sammlung Brian Rampp

Bild 14 – Die schwer vom Krieg gezeichnete Ruine des ersten, nur bis 1864 genutzten und als Kopfbahnhof ausgeführten Würzburger Bahnhofs an der Kreuzung Theater- und Ludwigstraße Ende der fünfziger Jahre. Der Wille, das wunderschöne und repräsentative Bauwerk wieder aufzubauen, war – wie in anderen Fällen auch – leider nicht vorhanden. Noch eine Entwicklung der Nachkriegszeit wird sichtbar: Die Massenmotorisierung führte nicht nur dazu, dass der öffentliche Raum, die Straßen, Wege und Plätze in immer höherem Maße dem Autoverkehr überlassen wurden. Sie prägte ihm auch gleichermaßen seine zweckorientierte Gestaltung auf: Die Markierung von Fahrspuren, die Anlage von Verkehrsinseln und das Aufstellen von Ampeln ließen keinen Platz mehr für städtischen Freiraum als Fläche für alle Bedürfnisse. Autofahren und Parken – nur diese Maxime zählte. Aufnahme: Stadtarchiv Würzburg

Bild 16 – Ein Blick von der Ruine des alten Würzburger Hauptbahnhofs in den ersten Nachkriegsjahren auf die Bahnsteige, die von geschäftigem Treiben erfüllt sind. Eine ganze Reihe Personenzüge, davon zwei mit je einem „Bubikopf" der Baureihe 64 und einer mit der Baureihe 50 bespannt, stehen abfahrbereit bzw. sind gerade angekommen. Rangierarbeiten (wie am Bahnsteig 1) werden von einer Maschine der Baureihe 89^8 (bay. R 3/3) erledigt und eine ganze Armada von Postkarren füllt die Bahnsteige. Kurze Zeit später begannen die Arbeiten zur Elektrifizierung.
Aufnahme: Verkehrsmuseum Nürnberg, Sammlung Helmuth Hombach

Bild 15 (linke Seite) – Das war alles, was im Gefolge des „Tausendjährigen Reichs" vom Würzburger Hauptbahnhof und seinem Umfeld übriggeblieben war. Ein Blick aus dem Bucherschen Palais zeigt 1946 die bereits vollständig beräumten Trümmerflächen des ehemaligen Empfangsgebäudes mit den teils erhaltenen, teils zerstörten Anlagen des Bahnbetriebswerkes im Hintergrund. Die markante Großbekohlungsanlage vor der Kulisse der Weinberge am Stein hat den Krieg unbeschadet überlebt. An der Haltestelle im Vordergrund steht eine Straßenbahn aus Grombühl in Richtung Innenstadt. Die Fensteröffnungen sind statt mit Glas ersatzweise mit Pappe oder Sperrholz gefüllt und rechts am Rande des Platzes ist ein Omnibus zu erkennen, dessen Anhänger ihn in diesen Zeiten des Treibstoffmangels mit Stadtgas versorgt. Aufnahme: Stadtarchiv Würzburg

Bild 17 – Im Sommer 1953 sind die Arbeiten zur Elektrifizierung des Würzburger Hauptbahnhofs in vollem Gange und das allgegenwärtige Rangiergeschäft liegt noch vollständig in der Hand einer Schar dampfgetriebener Methusalems. Wo heute der Stadtring Nord mit seinem nie versiegenden Strom von Automobilen für die schlechteste in Würzburg anzutreffende Luftqualität sorgt, zieht sich neben den Gleisen noch ein untergeordnetes Nebensträßchen hin, auf dem kaum etwas los ist. Aufnahme: Sammlung Helmuth Hombach

Bild 18 – Sehr futuristisch mag den zufälligen Beobachtern der Szenerie der brandneue Gliederzug VT 10 501 bei seinem kurzen Zwischenstopp am 24. Oktober 1953 im Würzburger Hauptbahnhof erschienen sein. Der moderne Triebzug, dessen Mittelwagen mit Einachsfahrwerk ausgerüstet waren, kam erst drei Tage zuvor von einer damals spektakulären Werbefahrt aus Athen nach Deutschland zurück. Aufnahme: Stadtarchiv Würzburg

Bild 19 – Von der Grombühlbrücke fällt im Jahr 1955 der Blick auf den von Süden her in den Würzburger Hauptbahnhof einfahrenden und mit 01 197 bespannten F 55, dessen Wagenmaterial zum Besten gehörte, was die Bahn damals ihren Reisenden zu bieten hatte.
Aufnahme: Carl Bellingrodt, Archiv EK-Verlag

Bild 20 – Blick auf die Gleisanlagen der Würzburger Ostausfahrt im Jahre 1951. Die Bamberger 42 692 verlässt gerade mit einem beachtlich langen Zug die Gütergleise des Hauptbahnhofes. Insgesamt sieben Maschinen dieser Kriegslokomotiven waren zwischen 1945 und 1948 in Würzburg selbst stationiert, vornehmlich um den hohen Reparaturstand bei der Baureihe 44 auszugleichen. Auch danach gehörten Loks dieser Baureihe in Würzburg noch zum gewohnten Erscheinungsbild und waren sowohl in Richtung Schweinfurt/Bamberg als auch auf der anspruchsvoll trassierten Hauptbahn nach Nürnberg unterwegs.
Aufnahme: Carl Bellingrodt, Archiv EK-Verlag

Bild 21 – Am 25. September 1954 wurde der Beginn des elektrischen Zugverkehrs zwischen Fürth Hbf und dem Rangierbahnhof Veitshöchheim mit einer ersten Bereisung unter Fahrdraht zwischen Nürnberg und Würzburg feierlich begangen. Das Bild zeigt den Sonderzug mit der festlich geschmückten Zuglok E 18 047 nach seiner Ankunft auf Gleis 6. Es sollte zugleich der Startschuss für die vollständige Umstellung des Knotens Würzburg samt seiner fünf Zulaufstrecken sein, die 1975 abgeschlossen werden konnte. Die Aufnahme des elektrischen Betriebes zwischen Würzburg und Nürnberg erfolgte erst ein paar Tage später. Die damals hochmoderne E 10 003 zog am 2. Oktober 1954 den offiziellen Eröffnungszug. Aufnahme: Stadtarchiv Würzburg

Bild 22 – Nach abgeschlossener Neugestaltung präsentiert sich der Bahnhofsplatz nunmehr in neuem Gewand. Begrenzt vom Empfangsgebäude mit seiner monumentalen Glasfront und zwei seitlich angebrachten Uhren, aber ohne DB-Logo, ist der ehedem steinerne Platz einer den Kiliansbrunnen umschließenden Grünanlage und dem seither die Platzsituation prägenden Schienenkreis der Straßenbahn gewichen. Die Platzgestaltung ist nicht nur gestalterisch ein glücklicher Wurf, sondern auch funktional geradezu genial organisiert: Bahnhof, Straßenbahn, Busbahnhof, Taxistand und Parkvorfahrt sind jeweils auf kürzesten Wegen, auf selben Niveau und ohne irgendwo Straßen kreuzen zu müssen, untereinander verbunden. Besser geht es nicht!

Bild 23 – Leider nur vier Jahre hatte das 1954 auf der nördlichen Seitenwand angebrachte Mosaik in der Schalterhalle Bestand. Der Eichstätter Künstler Alois Wünsche-Mitterecker zeichnete verantwortlich für das dekorative, aus geätzten Kalktafeln auf Stein montierte Schnittbild einer Dampflok der Baureihe 44. Bereits 1958 wurde es ersatzlos entfernt. Erst seit 1973 hängen wieder Teile des Gesamtwerks im heutigen DB Museum in Nürnberg. Aufnahmen (2): Sammlung Ferdinand von Rüden

Bild 24 – Eine Mannschaft des BZA Minden weilte 1955 oder 1956 in Würzburg, um vom Dach des Postgebäudes aus Panoramabilder von den Betriebsabläufen im Hauptbahnhof anzufertigen. Es herrschte bereits elektrischer Zugbetrieb zwischen Nürnberg und Würzburg. Die an diesem Tag entstandene Dokumentation enthält Bilder mit Blickwinkel nach fast allen Richtungen und zeigt auch, dass der neue Hauptbahnhof noch weit von seiner Fertigstellung entfernt war. Der Fotograf ist gerade dabei, Ankunft, Lokwechsel und Abfahrt eines Schnellzugs aus Nürnberg nach Frankfurt in allen Phasen festzuhalten. Noch steht 01 159 auf Gleis 5 in Erwartung des in Kürze auf Gleis 6 eintreffenden, mit E 10 003 bespannten, Zuges, den sie übernehmen soll. Den Hintergrund beherrscht die markante monumentale Würzburger Großbekohlungsanlage, die kurz bevor diese Aufnahme entstanden ist, noch 180 Dampflokomotiven täglich mit neuen Brennstoffen zu versorgen hatte. Sie wurde 1969 abgerissen.

Bild 25 – Wir überspringen die folgenden Phasen der Dokumentation und wenden uns mit der Kamera gleich im Halbkreis nach Westen, wo der Zug – nach seiner Wagenreihung offensichtlich einem internationalen Laufweg folgend –- schon in Richtung Gemünden ausfährt. Man muss das Bild lange studieren, um zu erfassen, was es alles zu entdecken gibt: Zunächst einmal die unglaubliche Fülle verschiedener Wagen, dann die Anlagen des städtischen Gaswerks und im Hintergrund die Reblagen des Würzburger Stein. Vor einem Güterzug in Richtung Norden auf Ausfahrt wartend wird unseren Blicken auch der Kraftprotz der Baureihe 45 nicht entgehen. Es ist noch ganz die alte Eisenbahnwelt, die sich hier darbietet – zumindest „fast ganz", würde nicht hinten rechts ein nagelneuer Fahrleitungsmontage- und Revisionstriebwagen stehen. Schon ein Jahrzehnt später wird nahezu alles, was wir hier sehen, von den Schienen verschwunden sein. Aufnahmen (2): BZA Minden, Sammlung Helmuth Hombach

Bild 26 – Vor dem D 58 startet im Sommer 1955 die in Nürnberg stationierte Prototypenlok E 10 005 nach ihrem Zwischenhalt im Würzburger Hbf zur Weiterfahrt nach Frankfurt/M. Hinter der erst am 12. Juni 1953 abgelieferten – und damit fast werksneuen – Lok sind ein Gepäck- und ein Postwagen eingereiht. Rechts ist 98 833 mit Rangieraufgaben beschäftigt. Nach ihrer Ausmusterung 1979 wurde 110 005 im August 1980 zur Museumslok. Bis heute erhalten, zählt sie aktuell – äußerlich frisch aufgearbeitet – zu den Exponaten des DB Museums in Koblenz-Lützel.
Aufnahme: Carl Bellingrodt, Sammlung Norman Kampmann

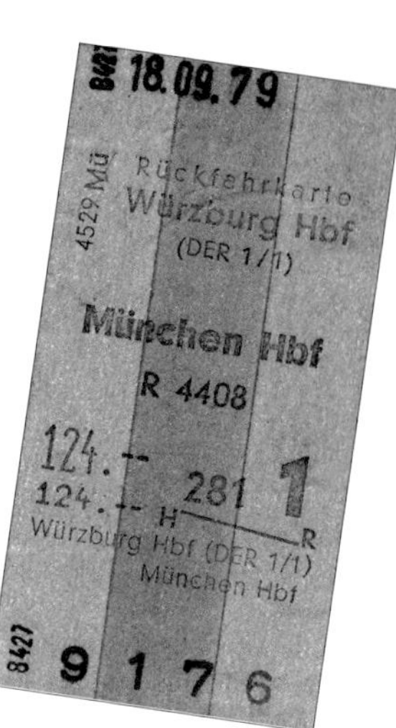

Bild 27 – Stets etwas Besonderes stellte für zeitgenössische Fotografen – und natürlich auch für die Reisenden – eine Begegnung mit dem Henschel-Wegmann-Zug dar. Diese Aufnahme vom 11. Juni 1958 zeigt den „Nachschuss“ auf den als F 56 verkehrenden Renommierzug „Blauer Enzian“ bei der Ausfahrt aus Würzburg. Der Endwagen Mü 10 405 besaß ein sehr begehrtes Aussichtsabteil. Seine besondere Attraktivität auf dem Laufweg Hamburg – München entfaltete es, wenn die Zuglok – in diesem Fall V 200 047 – am anderen Ende lief. Nicht minder interessant sind das ehemalige Stellwerk und rechts der Blick auf die belebte Stückgutabfertigung. Erkennbar ist auch der hier schon absehbare Abschied von den Flügelsignalen.
Aufnahme: Ulrich Montfort

Bild 28 – Eine vierteilige Schienenbus-Einheit des Bw Gemünden erreicht, aus Schweinfurt kommend, den Würzburger Hbf. Der an der Spitze laufende VT 98 9553 ist passend zum 1. Mai 1957 mit Blumenschmuck versehen – ein liebevolles, heute längst vergessenes Relikt. Noch bis in die zweite Hälfte der sechziger Jahre waren solche Garnituren planmäßig als Personenzüge zwischen Würzburg und Bamberg unterwegs. Dann erst wurden sie von den neu gelieferten Triebzügen der Baureihe VT 24^6 abgelöst, die in puncto Komfort einen gewaltigen Qualitätssprung darstellten.

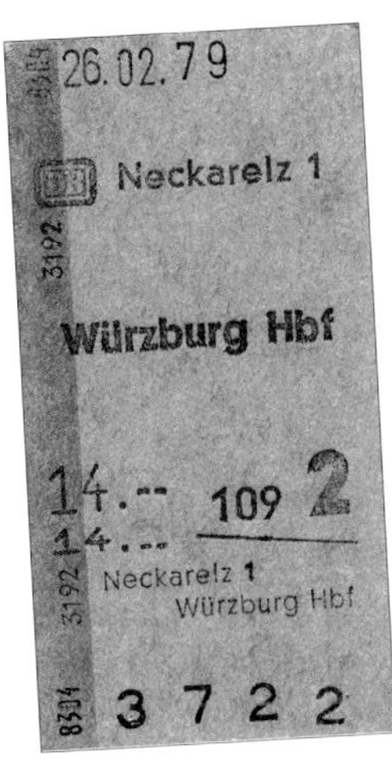

Bild 29 – Reminiszenz an die Zeit der Edmonson'schen Fahrkarten: Diese kleine Auswahl mit Ziel- bzw. Ausgangspunkt Würzburg Hbf mag heute auch zum einen oder anderen Preisvergleich anregen … Nur zur Erinnerung: DM-Preis geteilt durch 1,95883 ergab zur Euro-Einführung den exakten Gegenwert in der neuen Währung.

Sammlung (4): Rainer Nenninger

Bild 30 – VT 06 110 ist am 1. Mai 1957 als FT 138 „Rheinblitz" in hochwertigen Diensten unterwegs und erhält Einfahrt in Würzburg Hbf. Der Schnelltriebwagen hat Dortmund planmäßig um 5:30 Uhr verlassen und wird seinen Endbahnhof München laut Fahrplan um 14:49 Uhr erreichen.

Aufnahmen (2): Kurt Eckert, Sammlung Eisenbahnstiftung

Bild 31 – Bis es zur Einführung eines Taktfahrplans mit Systemanschlüssen – zunächst bei den neuen IC-Zügen – kam, prägten lange Aufenthalte und das Umsetzen von Kurswagengruppen das Geschehen im Fernreiseverkehr. Daneben wurden Speise- und Postwagen ein- oder ausgereiht. Nicht nur Rangierloks, sondern auch die Zuglokomotiven wurden bei diesem Geschäft eingespannt, wie hier E 18 36 am 21. Mai 1967. Die Lok besitzt bereits die mödernisierten „Tütenlampen“. Aufnahme: Albert Schöppner, Archiv Jörg Sauter

Bild 32 – Ein typisches Übersichtsbild auf das Betriebsgeschehen der sechziger Jahre: Nach Bamberg, Treuchtlingen und Heilbronn dominierte neben der noch alltäglichen 01 die V 200 das Erscheinungsbild im hochwertigen Reisezugdienst wie hier am 29. Juli 1962. Wir sehen einen Eilzug nach Stuttgart mit der Würzburger V 200 004, einen Schnellzug über Treuchtlingen nach München mit V 200 008 vom Bw Hamburg-Altona und einen Schnellzug in Richtung Nürnberg mit der Frankfurter E 10 132.
Aufnahme: Walter Hanold, Archiv Jörg Sauter

Bild 33 (oben links) – Eine Paradeleistung der 20 zwischen 1955 und 1958 gelieferten Maschinen der ÖBB-Baureihe 1010 war lange Zeit der D 220/221 „Donaukurier". Im Langlauf von Wien-Westbahnhof nach Frankfurt/M und zurück gehörte auch Würzburg Hbf zu den wichtigen Zwischenhalten dieses Zugpaares mit dem klangvollen Namen. Hier erwartet 1010.06 von der Zfl. Wien-West auf Gleis 7 den Abschluss der Postbeladung, um danach zur letzten Etappe bis nach Frankfurt/M starten zu können. Aufnahme: Thomas Naumann

Bild 34 (oben rechts) – Begegnung von E 10 005 mit D-Zug und E 10 1312 vor einem TEE nach München: 1966 ergab sich dieser schöne Kontrast von Form und Farbe dieser beiden so unterschiedlichen Vertreterinnen der Baureihe E 10. Letztere war am 19. März 1965 Zuglok des Eröffnungszuges anlässlich der Aufnahme des elektrischen Betriebes zwischen Würzburg und Treuchtlingen.
Aufnahme: Klaus Ruppert, Sammlung Thomas Naumann

Bild 35 (unten links) – Nur wenige Jahre währte der Einsatz der im typischen Design der fünfziger Jahre gehaltenen Triebwagenbaureihe ET 30 vor einzelnen Zügen zwischen Nürnberg, Ansbach und Würzburg. Am 2. Juli 1966 wartet der beim Bw Nürnberg Hbf beheimatete ET 30 023 auf Gleis 2 auf seinen nächsten Einsatz. Aufnahme: Albert Schöppner, Archiv Jörg Sauter

Bild 36 – Natürlich darf die Aufnahme einer Lok der Baureihe 78^0 (pr. T 18) an dieser Stelle nicht fehlen. Als Gastloks des Bw Schweinfurt wendeten sie regelmäßig in Würzburg. Hier zeigt sich 78 023 abfahrbereit mit einem Personenzug, der in Kürze die Rückfahrt in die Stadt der Kugellager antreten wird, vor schöner – für den Würzburger Hbf – lange Zeit typischer Kulisse. Auf dem leider undatierten Foto von Mitte der sechziger Jahre thront über dem Bahnsteig von Gleis 8/9 das markante Drucktastenstellwerk von 1959, während rechts sehr gut die mächtigen Hochbauten des örtlichen Betriebswerkes zu lokalisieren sind. Die Großbekohlung wurde 1969 abgerissen. 78 023 zählte zu den treuesten Schweinfurter Maschinen. Sie war dort ununterbrochen vom 27. April 1927 bis zu ihrer Z-Stellung am 26. Januar 1967 stationiert.
Aufnahme: unbekannt, Sammlung Thomas Naumann

Bild 37 (oben links) – E 41 373 und eine nicht identifizierte Schwesterlok verlassen den Würzburger Hauptbahnhof in Richtung Gemünden. Möglicherweise ist die Doppelbespannung für diese Leistung dem Ausfall einer E 10 geschuldet. Die Aufnahme aus dem Jahr 1967 lässt aber auf jeden Fall gut den Standort der damals noch vorhandenen Großbekohlung im benachbarten Bw Würzburg erkennen. Sie fiel 1969 dem Abriss zum Opfer. Aufnahme: Klaus Ruppert, Sammlung Thomas Naumann

Bild 38 (oben rechts) – Welcher Reisende älteren Jahrgangs erinnert sich nicht noch an die durchaus herausfordernden Slalomläufe auf den Bahnsteigen großer Städte? Damals galt es bei der Fülle dort geparkter oder bereitgestellter Post- und Expressgutkarren vielfach, ein Durchkommen zum eigenen Zug zu finden. Hier belebt diese einstige Alltäglichkeit den Blick auf die im Würzburger Hauptbahnhof auf Abfahrt wartende E 10 und den neuen, im Hintergrund sichtbaren VT 24.

Bild 39 (unten links) – Der Würzburger Hauptbahnhof war bis zum tiefgreifenden Wandel der Angebotsstruktur im Schienenfernverkehr ein betrieblich herausragender Punkt im Netz. Weil sich hier höchstbelastete Korridore aus dem Westen und Norden der alten Bundesrepublik trafen und wieder in Richtung Südwesten und Südosten auseinanderstrebten, verzeichnete er die höchste Anzahl von Kurswagenumsetzungen im Gesamtnetz der DB. Das Stärken und Schwächen von Fernzügen sowie das Ein- und Aussetzen von Speise-, Post- und Gepäckwagen gehörte zum Alltag. Eine solche Wagengruppe wartet im Herbst 1967 auf einem Stumpfgleis darauf, einem gleich am Nebengleis in Richtung Süden einfahrenden Fernzug am Zugende beigestellt zu werden. Noch Mitte der achtziger Jahre zählte man werktags bis zu 120 solcher Ein-, Aus- und Umstellungen. Aufnahmen (2): Thomas Naumann

Bild 40 (oben links) – Am 17. Juni 1968 steht auf Gleis 5 des Würzburger Hauptbahnhofs die frisch umgezeichnete 601-Garnitur mit 601 018 an der Spitze als F 37 „Hans Sachs“ auf der Fahrt von München nach Hagen zur Abfahrt Richtung Norden bereit. Einen großen Teil ihrer Zugläufe erbrachten diese perfekt im Stil der fünfziger Jahre designten Züge inzwischen vollständig unter Fahrdraht.

Bild 41 (oben rechts) – Zwischen Dezember 1953 und Dezember 1971 trug der beliebte elektrische Aussichtstriebwagen ET 91 01 eine rot/beige Lackierung, die ihm sehr gut zu Gesicht stand. Bereits als 491 001 bezeichnet, konnte der im Volksmund als „Gläserner Zug“ weithin bekannte und beliebte Ausflugstriebwagen um 1970 in Würzburg Hbf dokumentiert werden. Aufnahme: Thomas Naumann

Bild 42 (unten rechts) – Zu Beginn der siebziger Jahre herrschte zeitweise fühlbarer Mangel an Lokomotiven. Nur in solchen Notfällen kamen Bespannungen wie diese vor: Zwei Augsburger 117er, ansonsten tagsüber in Würzburg nur mit einem Personenzugpaar von und nach Treuchtlingen vertreten, müssen am 7. Mai 1970 mit vereinten Kräften einen Kohleganzzug zum Kraftwerk Franken II bei Frauenaurach bringen.
Aufnahmen (2): Albert Schöppner, Archiv Jörg Sauter

Bild 43 (oben links) – Anlässlich einer Sonderfahrt nach Volkach kam die Schweinfurter Lokalbahnlok 098 812 am 17. Juni 1970 mit einer für sie durchaus beachtlichen Eilzugwagen-Garnitur nach Würzburg. Der bevorstehende Abschied der letzten Lok ihrer Baureihe aus dem Betriebsdienst der Deutschen Bundesbahn mobilisierte zahlreiche Teilnehmer zur Mitfahrt. Sehenswert auf diesem Foto ist aber auch der gute Blick auf das markante, ehemalige Drucktastenstellwerk des Bahnsteiggleises 8/9.
Aufnahme: Thomas Naumann

Bild 44 (oben) – Einen stimmungsvollen Eindruck vom Betriebsalltag im Würzburger Hbf vermittelt diese Aufnahme von 023 002 mit ihrem zur Bereitstellung einfahrenden N 5888 auf Gleis 3. Am 26. März 1975 meldete sich der Winter nochmals mit leichtem Schneetreiben zurück.
Aufnahme: Thomas Engert

Bild 45 (unten links) – Eine typische Szenerie vom ehemals lebhaften Geschäft der Stückgutverladung im Würzburger Hauptbahnhof zeigt die Aufnahme vom 26 Mai 1976.
Aufnahme: A. Wagner, Sammlung Eisenbahnstiftung

Bild 46 – Einfahrt eines klassischen EuroCity-Zuges. Am 15. Februar 1988 hatte 103 149 die Aufgabe, EC 81 in den Knotenbahnhof Würzburg Hbf zu führen. Nachdem bereits seit 27. Mai 1979 die Züge des InterCity-Systems mit der 1. und 2. Wagenklasse verkehrten, galt dies später auch für ausgewählte Reisezüge des internationalen Fernverkehrs in Europa. Sie traten damit formal die Nachfolger des seit 1957 bekannten Trans-Europ-Express-Systems an. Links wartet 360 146 auf Weiterbeschäftigung, während rechts im Bild der schön renovierte Turm des Alten Gaswerkes zu erkennen ist. Dort befinden sich inzwischen die sehenswerten Archiv- und Museumsräume der WVV Würzburger Versorgungs- und Verkehrsbetriebe. Aufnahme: Albert Schöppner, Archiv Jörg Sauter

Bahnstationen in der Stadt und ihrem nahen Umfeld

In diesem Kapitel soll kurz auf weitere – aus unterschiedlichen Gründen relevante – Bahnhöfe und Haltepunkte der Stadt und ihrem nahen Umfeld eingegangen werden. Zur besseren Nachvollziehbarkeit ergibt sich deren Vorstellung an Hand der vom Würzburger Hauptbahnhof wegführenden Linien, beginnend mit den ausgewählten Stationen der „Gemündener Strecke" und zieht sich im Uhrzeigersinn entsprechend fort.

Würzburg-Zell Rbf

Nach dem Beginn erster Vorarbeiten im Jahre 1904 entstand auf schmalem Raum zwischen dem natürlichen Überschwemmungsgebiet des Mains und den angrenzend aufstrebenden Weinbergen der Würzburger Rangierbahnhof. Seine Inbetriebnahme erfolgte am 12. März 1909. Angebunden an die „Main-Spessart-Bahn" erstreckt er sich zwischen dem Ortsteil Zell, ca. drei Kilometer westlich des Hauptbahnhofes gelegen, und der Gemeinde Veitshöchheim über eine Länge von rund fünf Kilometern.

Während von Würzburg aus parallel zur Hauptstrecke geführte Gütergleise die Zufahrt vom Personenverkehr entkoppeln, zweigen die aus Gemünden kommenden Züge unmittelbar vor dem Bahnhof Veitshöchheim nicht kreuzungsfrei in eine fünfgleisige Einfahrgruppe ab. Hier endeten Züge aus beiden Richtungen, wenn sie aufgelöst und neu zusammengestellt werden sollten.

Eine Stations- und eine Richtungsharfe sammelte die über den Ablaufberg gedrückten Waggons, ein Richtungsgleisbezirk für Nahgüterzüge war über einen Nebenablaufberg angeschlossen. In der Ausfahrgruppe schließlich – in Sichtweite des Personenbahnhofs Würzburg-Zell gelegen – erfolgte die Bespannung mit Streckenloks oder deren Umspannung.

Auch heute noch sind ausgedehnten Anlagen des Rangierbahnhofes, der seit 2005 durch die verfügte Stilllegung seiner Aufgabe als überregionaler Verschiebeknoten beraubt wurde, vorhanden. Die weiterhin umfassenden betriebstechnischen Abläufe und die Fremdnutzung der zahllosen Abstellgleise durch private Eisenbahnverkehrsunternehmen veranlassten die DB AG aber zu umfassenden Investitionen in neue Stellwerks- und Sicherungstechnik. Damit fand die auch nach dem Krieg auf Anordnung der Besatzungsmacht lediglich im Rahmen des Ursprungszustandes wieder herstellte Rangiertechnik ihr Ende und wurde im Juni 2010 durch moderne Stellwerke ersetzt.

Bild 47 – Der Rangierbahnhof in Würzburg mit seinen ausgedehnten Gleisanlagen zwischen dem Bahnhof Veitshöchheim im Norden und dem Würzburger Stadtteil Dürrbachau im Süden zählte über Jahrzehnte zu den betrieblich ganz wichtigen schienengebundenen Frachtumschlagszentren in Nordbayern. Das machte den Bahnhof in Kriegszeiten zum exponierten Ziel von Fliegerangriffen, wie diese Luftaufnahme vom 16. Mai 1945 belegt. Die zweigleisige Hauptstrecke Würzburg – Gemünden verläuft am rechten Rand der Bahnanlagen. Unmittelbar daneben erstrecken sich die Flächen des Druckmaschinenherstellers Koenig & Bauer. Im oberen Bildteil gut erkennbar ist die Verbindungsstraße von der Dürrbachau (links) nach Zell (rechts) mit der zerstörten Rothofbrücke über den Bahnanlagen und der teilweise in den Fluss gestürzten Mainbrücke.

Bild 48
Diese Fliegeraufnahme, ebenfalls vom 16. Mai 1945, vermittelt einen umfassenden Blick auf die gigantischen Ruinenfelder, die amerikanische und britischen Luftangriffe vom Februar und März 1945 hier hinterlassen haben. Das Flugzeug befindet sich zum Zeitpunkt der Aufnahme am südlichen Ortsrand von Veitshöchheim, der Blick geht südlich in Richtung Würzburg. Im oberen Bildteil westlich, also rechts der Bahnanlagen, sind gut die markanten landwirtschaftlichen Lagerhäuser auszumachen, die auch heute noch bestehen. Auch die Durchgangsgleise der Hauptstrecke Würzburg – Gemünden sind durch mehrere Bombentrichter zerstört und unbefahrbar geworden.

Aufnahmen (2): Sammlung Brian Rampp

044 753 2

Bild 50 – Blick von der Rothofbrücke auf den unscheinbaren Haltepunkt Würzburg-Zell, dessen Bahnsteig sich zwischen den Streckengleisen von/nach Gemünden befindet. Bedeutsamer sind die umfassenden Gleisanlagen links, die zum Rangierbahnhof Würzburg gehören. Eine 194 und eine 151 stehen im August 1977 in der früheren Umspanngruppe. In seiner ursprünglichen Funktion wurde der Rangierbahnhof im Februar 2005 stillgelegt. Die nach wie vor ausgedehnte Bahnanlage dient auch heute weiterhin betriebstechnischen Abläufen und der Vermietung der Abstellgleise an private Eisenbahnverkehrsunternehmen.

Bild 49 (linke Seite) – Vor dem markanten Hintergrund des Wasserturms läuft die auch am 5. April 1969 noch nicht entsprechend des neuen Nummernschemas beschriftete 44 1753 mit ihrem Güterzug aus Schweinfurt in den Bereich des Rangierbahnhofes in Würzburg-Zell ein.

Aufnahme: Helmuth Hombach

Bild 51 – Die Ausmaße des mechanischen Fahrdienstleiterstellwerks Wraf (Würzburg Rangierbahnhof-Ausfahrt) im Stadtteil Zell lassen erahnen, welche Bedeutung der Verschiebebahnhof selbst, aber auch der Schienengüterverkehr insgesamt im August 1977 hier noch besaßen. Die Außerbetriebnahme des Stellwerks erfolgte am 19. Juni 2010. Das Pendant dazu, das Stellwerk Wref, regelte die nördliche Einfahrt zum Würzburger Rangierbahnhof in der Gemeinde Veitshöchheim.

Aufnahmen (2): Hans Schülke

Würzburg-Zell

1906 entstand das eingeschossige – inzwischen umgewidmete – Bahnhofsgebäude, das mit einem bis heute nicht barrierefreien Zugang zu einem nur in Teilen überdachten Mittelbahnsteig den unscheinbaren Haltepunkt Würzburg-Zell darstellt. Seine Existenz verdankt er dem gleich gegenüberliegenden Rangierbahnhof, der allerdings seit 2005 stillgelegt ist.

Heute bedienen im 60-Minuten-Takt die Regionalbahnen der „Mainfrankenbahn" nach Gemünden und Jossa sowie werktägliche Verstärkerzüge nach Karlstadt die nicht mit dem Würzburger ÖPNV verknüpfte Station, die auch das Industriegebiet des Neuen Hafens tangiert. Die verkehrliche Bedienung des Hafengebietes erfolgt aus Richtung Würzburg kommend über eine eingleisige Hafenbahnstrecke, die vor dem Bahnhofsareal links abzweigt.

Es scheint bis heute so, dass die Vorzüge dieses Bahnhofes vornehmlich in seiner privilegierten Nähe zur ehemaligen Umspanngruppe des Würzburger Rangierbahnhofes zu finden waren, bot der Haltepunkt doch kurze Wege für Lokführer im Rahmen von Personalwechseln auf Durchgangsgüterzügen und interessierten Fotografen einen meist ungetrübten Blick auf das dortige Betriebsgeschehen.

Die offizielle Postanschrift des Bahnhofes will gar nicht recht passen zu dem trostlosen heutigen Erscheinungsbild und Umfeld der Anlage will : Es ist die „Paradiesstraße"!

Bild 52 – In schneller Fahrt durcheilt F 53 „Domspatz" (Regenburg – Hamburg-Altona) im Jahr 1955 den Bahnhof Würzburg-Zell. Die führende 01 229 mit silbernen Kesselringen war zum Aufnahmezeitpunkt noch beim Bw Würzburg stationiert, ehe sie am 5. Juni 1955 nach Hagen-Eckesey umbeheimatet wurde. Ihr Wagenpark ist aus dem Gegenzug des „Blauen Enzian" gebildet.

Aufnahme: Carl Bellingrodt, Archiv EK-Verlag

Bild 53 – Vom Haltepunkt Würzburg-Zell konnte der Fotograf am 12. März 1972 sehr schön die Ausfahrt des Nahgüterzuges Ng 16929 nach Bamberg aus dem Rangierbahnhof dokumentieren. Eigentlich war dies eine Planleistung der Baureihe 288 (bis 1968: V 188). Bei Ausfall der Stammlok kamen ersatzweise zwei Maschinen der Baureihe 280 (bis 1968: V 80) in Doppeltraktion zum Einsatz, wie hier 280 010 mit ihrer Schwesterlok 280 004. Aus heutiger Sicht war auch diese Bespannung absolut sehenswert. Aufnahme: Albert Schöppner, Archiv Jörg Sauter

Bild 54 – Der Mittelbahnsteig in Würzburg-Zell gibt einen schönen Blick (und Fotostandpunkt) auf den Güterverkehr im benachbarten (inzwischen ehemaligen) Rangierbahnhof. Die weitläufigen Anlagen dienen heute überwiegend der Zwischenabstellung von Wagen sowie dem Personalwechsel. Als die Kornwestheimer 193 013 mit ihrem Schüttgutwagenzug im Jahr 1973 die Szenerie im warmen Abendlicht zur Fahrt in Richtung Lauda passierte, war der Rangierbahnhof freilich noch lebhaft frequentiert und der Güterverkehr der DB noch von den später folgenden „Streichkonzerten" rein ergebnisorientierter Rationalisierung entfernt.
Aufnahme: Thomas Naumann

Bild 55 (oben) – Schöne Momentaufnahme von den Örtlichkeiten im Bahnhof Würzburg-Zell um 1973. Die Eidelstedter 112 492 legt sich mit ihrem D-Zug, aus Richtung Gemünden kommend, elegant in die Kurve und wird in wenigen Minuten ihren nächsten Halt im Würzburger Hauptbahnhof erreichen. Gut auszumachen ist im Hintergrund die Flügelsignalgruppe der Ausfahrgruppe des Rangierbahnhofs. Aufnahme: Thomas Naumann

Bild 56 (rechts) – Trauriges Ende für die von Mai 1974 bis zu ihrer Ausmusterung im Mai 1983 in Würzburg beheimatete 118 022. Es war exakt diese Maschine, die auf der Internationalen Weltausstellung 1937 in Paris „höchste Anerkennung als technisches Meisterwerk ihrer Zeit" fand und dem Hersteller AEG drei Große Preise und ein Ehrendiplom einbrachte. Auf dem Areal der Firma Krappmann & Hufnagel im Hafengelände von Würzburg-Zell konnte sie dort am 20. September 1986 (und damit fast exakt 50 Jahre nach ihrer Anlieferung als E 18 22) noch dokumentiert werden. Endgültig Geschichte wurde sie durch ihre Zerlegung ebenda, vermutlich in Jahr 1992. Aufnahme: Ferdinand von Rüden

Veitshöchheim

Nicht mehr auf Würzburger Stadtgebiet liegt der Bahnhof Veitshöchheim. Auch er soll hier kurz vorgestellt werden, da er bis zur Stilllegung des Rangierbahnhofes Würzburg dessen nördliche Zufahrt bildete. Zudem fällt die bis heute repräsentative Erscheinung und – gemessen an der Gemeindegröße – überdimensionierte Größe des Empfangsgebäudes auf. Beides entstand, da die Fürstbischöfe von Würzburg und später die Könige von Bayern in unmittelbarer Nähe des zwischen 1853 und 1855 erbauten Bahnhofes ihre Sommerresidenz im Schloss Veitshöchheim hatten. Die prunkvolle Ausgestaltung der gesamten Bahnhofsanlage war damit vorgegeben. Mit seinem großzügigen Rokokogarten und der Schlossanlage war und ist Veitshöchheim bis heute ein beliebtes Ausflugsziel der Würzburger Bevölkerung.

Bild 57 – Auf ihrem Weg in Richtung Gemünden verlässt E 50 025, aus dem Rangierbahnhof kommend, den Bahnhofsbereich von Veitshöchheim und fädelt sich in Kürze auf die Hauptgleise der Main-Spessart-Bahn ein. Wir schreiben das Jahr 1959. Sie ist die letzte Lok der ersten Serie, die noch mit Tatzlagerantrieb ausgerüstet war, und kam direkt nach der Werkslieferung am 10. Dezember 1957 zum Bw Würzburg.

Aufnahme: Robin Fell, Sammlung Eisenbahnstiftung

Bild 58 – Im Zuge der am 1. Oktober 1854 in Betrieb genommenen „Ludwigs-West-Bahn“ entstand das bis heute repräsentative Empfangsgebäude des Bahnhofes Veitshöchheim. 103 107 passiert mit ihrem IC am 17. Juni 1985 auf dem Weg nach Süden den bei km 7,0 an der Bahnlinie Würzburg – Aschaffenburg gelegenen Durchgangsbahnhof. Die Lok verdeckt den sogenannnte Königspavillion, der ebenso wie das für den Ort überdimensionierte Bahnhofsgebäude, inzwischen von der Gemeinde als Bücherei und Jugendzentrum genutzt wird. Aufnahme: Thomas Engert

Würzburg-Heimgarten

Bis zum Beginn des dreigleisigen Streckenausbaus zwischen Würzburg und Rottendorf im Jahre 1981 existierte im östlichen Stadtgebiet zwischen Nürnberger- und Gneisenaustraße in einer Streckensteigung der Haltepunkt Würzburg-Heimgarten. Das nahe gelegene Wohngebiet wurde später namengebend für die Station, die ihren Ursprung wegen der unmittelbaren Nähe zur Faulenbergkaserne als „Bahnhof Artilleriekaserne" nahm. Bis zum vollständigen Rückbau des Haltepunktes, der lediglich aus einem Mittelbahnsteig samt einstöckigem hölzernen „Empfangsgebäude" bestand, waren Personenzüge der Relationen Würzburg – Rottendorf – Schweinfurt, Würzburg – Rottendorf – Kitzingen und Würzburg – Seligenstadt – Volkach an die Station angebunden. Räumlich direkt angrenzend, aber im Planum der Stadt liegend, war das Gewerbegebiet Aumühle, das mit umfassenden Gleisanlagen und Ladehof mittels Rangierfahrten vom Hauptbahnhof aus angebunden war. Traurige Bekanntheit erlangten die bahnbetrieblich im Jahr 2002 entwidmeten Flächen durch die Deportation von gut 2.000 jüdischen Deutschen aus Mainfranken, die von hier aus zwischen dem 27. November 1941 und dem 25. April 1942 mit insgesamt acht „Sonderzügen in den Tod" abtransportiert wurden.

Bild 60
Einst „wimmelte“ es von roten „Dreibeinen“ auf den Würzburger Bahnanlagen, seit sie 1956 hier aufgetaucht waren. Im Sommer 1969 machen sich zwei noch nicht sehr lange in 260 umgezeichnete V 60 des Bw Würzburg im Ladehof Aumühle nützlich, wo Personenwagengruppen gereinigt und abgestellt wurden, aber auch Güterverladung stattfand. Im Hintergrund ist der brandneue Containerkran zu sehen, von dem man sich damals viel für den lokalen Güterumschlag erhoffte. Doch die Nachfrage blieb gering, schon nach wenigen Monaten wurde die Verladebrücke sang- und klanglos wieder abgebaut und nach Nürnberg umgesetzt.

Aufnahme:
Thomas Naumann

Bild 59 (linke Seite)
Mit Volldampf nimmt die beim Bw Lichtenfels beheimatete 38 2928 die anhaltende Steigung von Würzburg bis Rottendorf. Die Szenerie mit dem Personenzug P 1402 und seinen zahlreich hinter der Lok eingereihten Eilgutwagen zeigt den soeben im Hauptbahnhof gestarteten Zug nahe des damaligen Haltepunktes Würzburg-Heimgarten. An fünfter Stelle läuft übrigens einer der sechs von der DB gebauten Zellenwagen Z-*/56, die auf Basis der dreiachsigen Umbauwagen entstanden waren. Das rechts angrenzende, im Planum der Stadt liegende Gewerbegebiet Aumühle und seine hier in Ausschnitten noch gut erkennbaren, ehemals umfassende Gleisanlagen (die heute freilich abgebaut sind), verdeutlichen den ordentlichen Anstieg der benachbarten Hauptbahngleise.

Aufnahme: Carl Bellingrodt,
Sammlung Thomas Naumann

Rottendorf

Seine Relevanz erwächst dem sechsgleisigen Bahnhof, acht Bahnkilometer vor Würzburg Hbf gelegen, aus seiner Durchgangs- und Trennungs- bzw. Bündelungsfunktion der beiden zweigleisigen Hauptstrecken aus Schweinfurt (– Bamberg) und Kitzingen (– Nürnberg). Als am 1. Juli 1854 der Eisenbahnbau in Richtung Würzburg mit der Eröffnung der Ludwigs-West-Bahn aus Bamberg hier für die Region seinen Anfang nahm, kam auch die kleine Gemeinde vor den Toren Würzburgs zu ihrem Bahnanschluss. Die Anbindung nach Kitzingen und im weiteren Verlauf bis Fürth und Nürnberg erfolgte erst am 19. Juni 1865. Von Rottendorf (245 m ü. NN) bis Würzburg (181 m ü. NN) führt die Strecke in anhaltendem Gefälle bergab, was früher in der Gegenrichtung vornehmlich bei dampfgeführten Güterzügen in Richtung Schweinfurt bzw. Nürnberg zu Vorspannleistungen mit Elloks zwischen Würzburg Rbf und Rottendorf erforderlich machte. Das hohe Verkehrsaufkommen in diesem Streckenabschnitt führte in Verbindung mit dem erwarteten Mehrverkehr im Zulauf zur seinerzeit im Bau befindlichen Neubaustrecke Würzburg – Fulda (– Hannover) ab 1980 zum dreigleisigen Streckenausbau, der im Juli 1985 abgeschlossen werden konnte. Die Bedienung des Bahnhofes erfolgt aktuell mit Zügen des Regionalverkehrs auf beiden Streckenästen im 60-Minuten-Takt, der in Hauptverkehrszeiten zumindest bis Schweinfurt bzw. Kitzingen auf 30 Minuten verdichtet ist.

Bild 61 – Der mit der ehemaligen Wehrmachtsdiesellok 288 002 sowie 052 491 bespannte Güterzug in Richtung Bamberg hat im August 1971 die Rottendorfer Steigung hinter sich gebracht und wird auf seinem weiteren Fahrweg erst einmal keine großen Hindernisse mehr zu bewältigen haben. Der vierachsige gedeckte Güterwagen hinter der Dampflok deutet darauf hin, dass es sich um einen Zug in Richtung DDR oder ČSSR handelt, der über Oberhaid und die dortige Umgehungskurve nach Hallstadt geleitet und dort umgespannt werden wird. Aufnahme: Helmuth Hombach

Bild 62
Um 1977 waren die „deutschen Krokodile" der Baureihe 194 noch unverzichtbar und hatten in Süddeutschland noch zahlreiche Leistungen zu fahren, vornehmlich im ihnen zugedachten Güterverkehr. Die beim Bw Nürnberg Rbf stationierte 194 568 durchfährt hier mit einem gemischten Güterzug den Bahnhof Rottendorf.

Aufnahme: Thomas Naumann

Bild 63
Motivlich nicht wirklich bemerkenswert, aber typisch für den Streckenverlauf auf der Bamberger Schiene vor Rottendorf ist die Kulisse vor dem Hintergrund der hier querenden Autobahn A7 und der mächtigen Rothofbrücke. Bei km 30,5 erwartet der Fotograf die Stuttgarter 110 251 mit ihrem Eilzug aus (Hof –) Bamberg. Die profanen Betonmasten der Fahrleitung unterstreichen die Schlichtheit der gesamten Szenerie. Zum Aufnahmezeitpunkt am 20. September 1983 wäre eine blaue 110 sicherlich noch ein höchst willkommener Farbtupfer gewesen. Aus heutiger Sicht ist der farblich einheitlicher Garnitur im seinerzeit ungeliebten Lackierungsschema ozeanblau/beige durchaus etwas abzugewinnen.

Aufnahme: Thomas Engert

Würzburg Süd

Zwischen den Stadtbezirken Sanderau (südwestlich) und Frauenland (östlich) liegt der „Südbahnhof", wie er hier umgangssprachlich heißt. Aktuell ist er (neben dem Hauptbahnhof) die einzige von der Deutschen Bahn betriebene Station im Stadtgebiet. Dabei hatte der heutige Haltepunkt Würzburg Süd bis Anfang der siebziger Jahre sogar Bahnhofsstatus mit eigenem Stationsgebäude. In diesem waren – zumindest bis in die sechziger Jahre – Wartehalle, Restauration und Reiseproviantverkauf untergebracht, außerdem gab es Schalter für Fahrkartenverkauf und Frachtpostannahme.

Am 15. August 1879 dem Verkehr als Bahnhof „Würzburg-Sanderau" übergeben, war er Zusteigebahnhof für den damaligen Fernverkehr und verkehrsgünstig gelegene Pendlerstation. Die Kriegszeit überstand der Bahnhof nahezu unversehrt. Die Umbenennung in „Würzburg Süd" fiel in die unmittelbare Nachkriegszeit. Der zunehmende Individualverkehr schaffte, in Verbindung mit einem wachsenden Konkurrenzangebot städtischer Buslinien, den Bedeutungsverlust des Bahnhofes zu beschleunigen. Im Zuge des platzgreifenden Straßenbaus für den parallel verlaufenden Stadtring erfolgten zu Beginn der siebziger Jahre der Abriss des Bahnhofsgebäudes und die Umgestaltung zum nicht barrierefreien Haltepunkt mit minimaler Infrastruktur.

Regionalbahnen von und nach Lauda, Ochsenfurt, Marktbreit, Steinach, Ansbach und Treuchtlingen bedienen im 120- bzw. 60-Minuten-Takt den Haltepunkt, in Hauptverkehrszeiten greift eine Taktverdichtung auf 60 bzw. 30 Minuten.

Bild 64
Mit einer herrlichen Personenzug-Garnitur ist 38 3089 vom Bw Lauda in Würzburg Süd unterwegs. Mitte der fünfziger Jahre befand sich hier noch eine Blockstelle, die Anwohner waren noch vom „Stadtring Süd", einer viel befahrenen Durchgangsstraße, verschont.

Aufnahme:
Carl Bellingrodt,
Sammlung Thomas Naumann

Bild 65 – Die mit einem Wannentender gekuppelte Ingolstädter 38 3863 ist im Würzburger Hauptbahnhof gestartet und erreicht nach nur kurzer Fahrt mit ihrem P 1360 nach Ansbach den Bahnhof Würzburg Süd. Die besonders gepflegte Bekleidung der am 22. Oktober 1961 am Bahnsteig wartenden Reisenden lässt auf eine sonntägliche Ausflugsszenerie nach Kirchgang und Mittagessen schließen.
Aufnahme: Winfried Gronwald, Sammlung Eisenbahnstiftung

Bild 66 – Bis zur Aufnahme des elektrischen Betriebs zum Sommerfahrplan 1975 wurde ein Zugpaar zwischen Osterburken und Würzburg mit VT 95/VB 142 gefahren. Damit wurde die Lücke zwischen den stark besetzten Zügen des mittäglichen Schülerverkehrs und des abendlichen Berufspendleransturms geschlossen. Hier sind im Frühjahr 1968 am Würzburger Südbahnhof gerade eine Handvoll Reisende zugestiegen, und man vermeint das unverwechselbare Geknatter des gleich anfahrenden Triebwagens auch heute noch im Ohr zu haben … Aufnahme: Thomas Naumann

Bild 67 – Den hochwertigen Fernverkehr der Deutschen Bundesbahn verkörpert im April 1966 die E 10 182 mit ihrem F 21 „Rheinpfeil“, als sie mit ihrer zeitlos eleganten, aus stahlblauen Wagen der 1. Klasse gebildeten F-Zug-Garnitur gleich durch Würzburg Süd eilen wird. Jeder Eisenbahnfotograf würde sich freuen, eine solche Garnitur heute nochmals „vor die Linse“ zu bekommen. Die Fotostelle ist heute durch den hier unmittelbar parallel laufenden Stadtring nicht wiederzuerkennen. Hier befinden sich nun die Bahnsteige des Haltepunktes, und die gesamte Situation ist im Jahr 2017 gerade dabei, hinter Lärmschutzwänden zu verschwinden. Bäume und Gehwege gibt es hier nicht mehr, nur noch Beton und Asphalt. Aufnahme: Mike Harper, Sammlung Eisenbahnstiftung

Bild 68 – Der Südbahnhof befand sich „gerade noch" im alten Zustand, als im Sommer 1969 hier der einzige über einige Fahrplanperioden planmäßig mit einem „Bubikopf" bespannte Personenzug P 3860 nach Lauda gegen 13:30 Uhr mit einer für diese Strecke außergewöhnlichen Garnitur hielt und von der Bahnsteigseite her von zahlreichen Schülern der umliegenden weiterführenden Schulen gestürmt wurde. Für die folgende lange Rampenstrecke war die Bespannung mit der leichten Tenderlok nicht die optimale Lösung; wie später – und bei den untermotorisierten Triebwagen der Baureihe 628 heute wieder – kam es zu quälend langsamen Bergfahrten. Aufnahme: Helmuth Hombach

Würzburg-Heidingsfeld Ost

Auch wenn das stattliche unter Denkmalschutz stehende Empfangsgebäude aus dem Jahr 1864 in der ehemals selbständigen Gemeinde Heidingsfeld noch existent ist, halten am ehemaligen „Ostbahnhof" in Würzburg schon lange keine Reisezüge mehr. Das Empfangsgebäude ist an Privat verkauft und die ehemals vorhandenen Außenbahnsteige wurden längst abgetragen.

Auf dem Weg nach Ansbach und Treuchtlingen bei Strecken-km 133,9 gelegen, lassen sich hier allenfalls noch einzelne Güterzüge von vorbeieilenden hochwertigen Reisezuggattungen überholen. Außerdem werden ein Schrott- und ein Stahlhandel regelmäßig durch eine werktägliche Übergabe, die bis nach Marktbreit zum dortigen Gewerbegebeit am Mainufer fährt, mit Wagenladungen bedient.

Längst nachdem Fakten geschaffen wurden, erfolgte

- 1975 die Aufgabe der Stückgutabfertigung
- 1976 die Einstellung von Reisegepäckannahme und -ausgabe
- 1979 die Beendigung des Fahrkartenverkaufes und schließlich seit
- 1987 ist die Bedienung als Personenverkehrshalt Geschichte-

Im Idealfall steht noch für das Jahre 2017 der Baubeginn eines barrierefreien Haltepunkts „Heidingsfeld Ost" an alter Stelle bevor. Damit ist eine Reaktivierung in greifbare Nähe gerückt. Die aktuellen Planungen sehen die Anlage eines Mittelbahnsteiges vor.

Kleiner Wermutstropfen am Rande: kurz zuvor erst – in den Jahren 2015/16 – waren die seit 2001 brach liegenden Straßenbahngleise und Oberleitungen zur Anbindung des Ostbahnhofs in den seit 1930 eingemeindeten Stadtteil abgebaut und endgültig entfernt worden …

Bild 69 – Gänzlich unerwartet war der letzte verbliebene MAN-Triebwagen 1969 noch einmal aufgearbeitet, neu lackiert und im Bestzustand als Arbeitswagen Nr. 302 in den Bestand der Würzburger Straßenbahn GmbH eingegliedert worden. Doch nur zwei Jahre später wurde er als verzichtbar eingestuft und dem Deutschen Straßenbahnmuseum in Sehnde bei Hannover kostenlos überlassen. Dort liess man ihn, Wind und Wetter ausgesetzt, völlig verkommen; ein letzter Rettungsversuch aus Würzburg scheiterte 1988, das Wrack war nicht mehr transportfähig verrottet – bitteres Ende einer Geschichte verpasster Gelegenheiten … 1971 ist der 302 am Ostbahnhof in Heidingsfeld zum Abtransport nach Hannover verladen. Aufnahme: Thomas Naumann

Bild 70 – Nach Gründung der Stadtwerke-Holding WVV war erstmals überhaupt seit den zwanziger Jahren wieder eine Grundlage für Investitionen geschaffen. Unverzüglich kam es dann auch zu einer Bestellung zeitgemäßer Fahrzeuge – die ersten Neufahrzeuge seit 40 Jahren – und zur Verlängerung der Straßenbahn in Heidingsfeld bis zum Ostbahnhof – eine seit 1928 vorgesehene Maßnahme. Hier wird 1967 der erste von zunächst zehn sechsachsigen, von Duewag in Düsseldorf gebauten Gelenkwagen der Serie 231-240 am Heidingsfelder Ostbahnhof abgeladen. Die Wagen glichen im Wesentlichen dem Baumuster einer zeitnah nach Basel gelieferten Großserie, was sich günstig auf die Beschaffungskosten auswirkte. Aufnahme: Stadtarchiv Würzburg

Bild 71
Von Ansbach kommend, erreicht die Nürnberger 140 507 mit ihrem aus vierachsigen Umbauwagen gebildeten Nahverkehrszug bei Strecken-km 131,2 in Kürze Heidingsfeld-Ost. Gut erkennbar sind im Vordergrund aus dem Jahr 1972 ein Industrieanschlussgleis für Betriebe in der Winterhäuser Straße sowie im Hintergrund die winterlich kahlen Weinberge auf der anderen Mainseite.

Bild 72
Streckenmäßig ist die Aufnahme aus 1976 mit 194 113 der Relation Ansbach – Würzburg und dem Bahnhof Heidingsfeld-Ost zuzuordnen, auch wenn der Güterzug hier (in Fahrtrichtung des Zuges gesehen) den Bahnhof Heidingsfeld-West „links liegen" lässt. Nach wenigen Metern folgt der Abzweig Heidingsfeld-West, an dem sich die Strecken aus Ansbach und Lauda vereinigen. Dieser wird vom örtlichen Fahrdienstleiterstellwerk WHf gesteuert. Zwischen dem Abzweig und dem Würzburger Hbf sind beide Strecken vereint.

Aufnahmen (2):
Thomas Naumann

Würzburg-Heidingsfeld West

Am kurz zuvor von der Ansbacher Strecke abzweigenden Linienast nach Lauda befindet sich der seit 1987 nicht mehr im Personenverkehr bediente Bahnhof Würzburg-Heidingsfeld West. Das inzwischen privat genutzte Empfangsgebäude und das ihm vorgelagerte Stellwerk „WHf" unmittelbar zwischen den Strecken nach Ansbach bzw. Lauda gelegen, lassen auch heute noch die betriebliche Bedeutung des 1866 eröffneten „Westbahnhofes" erkennen.

Freilich ist der ehemalige Treppenabgang am Nordende der Bahnhofsanlage von der Hofmannsbrücke (heute: Resenbrücke) längst gekappt, aber die Zufahrtstraße „Am Westbahnhof" existiert noch, auch die Lage der abgebauten Außenbahnsteige läßt sich allen Gleisrückbau- und Modernisierungsmaßnahmen zum Trotz noch erahnen.

Beim Anblick zahlloser Motive aus der Zeit als aktiver Personenzughalt kommt fast zwangsläufig das Begehren nach einer Wiederbelebung auf, zumal inzwischen sogar auch (wieder) ausreichendes Fahrgastpotential prognostiziert ist. Was letztlich im Stadtteil Heidingsfeld realisiert wird, ist offen. Der Verkehrsclub Deutschland (VCD) beispielsweise plädiert für die Reaktivierung des Westbahnhofs, gleichwohl mit Bahnsteiganbindung an beide Strecken. Die Stadt Würzburg hingegen setzt ihre Priorität wegen höherer erwarteter Fahrgastzahlen auf die Wiederbelebung des Ostbahnhofs.

Bild 73
Die Oberleitungsmasten sind frisch gesetzt und wirken noch wie ein Fremdkörper in der von zwei Loks der Baureihe 23 geprägten Szenerie im Bahnhof Würzburg-Heidingsfeld West. Mit einem Bauzug wartet 023 001 am 09. September 1974 im Überholgleis die Vorbeifahrt des mit 023 038 bespannten Güterzuges in Richtung Lauda ab. Im Anschnitt rechts gerade noch erkennbar sind das Fahrdienstleiterstellwerk WHf und die dahinter einmündende Strecke aus Richtung Ansbach – Treuchtlingen.

Aufnahme: Thomas Engert

Bild 74 – Aus Richtung Lauda kommend, fährt die Crailsheimer 38 3032 nach kurzem Halt am Hausbahnsteig in Würzburg-Heidingsfeld West mit ihrem Personenzug ab in Richtung Würzburg Hbf mit weiterem Zwischenhalt in Würzburg Süd. Typisch für diese Strecke war stets – und das sogar bis heute – der Einsatz älteren Wagenmaterials. Umso mehr kann sich das Auge des Betrachters auch Jahrzehnte später an der herrlichen Zuggarnitur erfreuen. Selbst zu Dampflokzeiten waren die Fahrzeiten mit dem Zug von hier bis zum Hauptbahnhof konkurrenzlos. „Straba" und Individualverkehr konnten auf dieser Relation zu keiner Zeit mithalten!
Aufnahme: Kurt Eckert, Sammlung Robin Garn

Reichenberg (Unterfr.)

Vor den Toren der Stadt liegt im Verlauf der Bahnlinie Würzburg – Lauda (– Stuttgart) die Gemeinde Reichenberg. Der Ort verfügte bis zur Elektrifizierung 1975 und der nachfolgenden Modernisierung der Sicherungstechnik über ausgedehnte Bahnhofsanlagen mit Außenstellwerken, Nebengleisen mit Güterschuppen samt Waggonwaage und wurde noch regelmäßig mit einer Kleinlok von Geroldshausen aus bedient.

Allerdings lag die Station für die seinerzeit rund 3.500 Einwohner ein wenig abseits vom Ort, so dass der Niedergang vorprogrammiert war. Als in und um Würzburg ein Verkehrsverbund aufgebaut wurde, stimmte die Würzburger Straßenbahn GmbH der Einbeziehung von Nahverkehrszügen nur um den Preis der Auflassung der in ihrem Bedienungsgebiet gelegenen Haltepunkte zu! Das war das Ende für vier Stationen. Nur für Würzburg Süd und Veitshöchheim versagte die zuständige Aufsichtsbehörde die Genehmigung zur Stilllegung.

Heute zählt Reichenberg knapp 4.100 Einwohner und dank der unermüdlichen Bemühungen engagierter Bürger halten seit 2010 wieder Züge des schnellen Transportmittels Eisenbahn. Wenn auch noch nicht ganztags im Stundentakt bedient, ist der zentrumsnah und barrierefrei angelegte neue Haltepunkt ein gutes Beispiel dafür, dass „der Zug noch nicht überall (und endgültig) abgefahren ist". Von hier aus sind die attraktiven Fahrzeiten in die Stadtmitte nicht annähernd mit dem eigenen Auto und schon gar nicht mit Bus und „Straba" zu erreichen.

Bild 75
Den berühmten „Fischzug" im Mai 1969 auf angestrengter Bergfahrt zwischen Heidingsfeld und Geroldshausen zu erleben, war nicht nur ein optisch, sondern auch akustisch ungemein beeindruckendes Erlebnis. Da der Verlauf der Bahnstrecke nur von schwach befahrenen Landsträßchen berührt wird, war dieses ganzheitliche Erlebnis meist auch für die Ohren von ungetrübter Qualität. Weil er im Gegensatz zu anderen Güterzügen in Richtung Lauda nicht im Rangierbahnhof Zell, sondern erst im Hauptbahnhof auf Dampftraktion umgespannt wurde, hatten die Maschinen praktisch vom ersten Moment an gegen Steigungen zu kämpfen und dabei volle Leistung zu bringen, zunächst bis zum Südbahnhof, dann von Heidingsfeld bis Geroldshausen. Im Bild hat der Zug, bespannt mit 038 959 und 044 565, soeben den Bahnhof Reichenberg durchfahren und nimmt nun am Einfahrsignal Reichenberg aus Richtung Lauda den letzten Steigungsabschnitt in Angriff.

Aufnahme:
Helmuth Hombach

Bild 76 – Auf dem Weg nach Würzburg verlässt die Crailsheimer 023 012 mit ihrer für diese Dienste typischen Wagengarnitur aus Reichsbahnzeiten samt zweiachsigem Gepäckwagen am Zugschluss den Bahnhof Reichenberg/Unterfr. Zum Aufnahmezeitpunkt um 1973 verfügte die Station, damals am äußersten südlichen Ende der Gemeinde gelegen, noch über eine ansehnliche Infrastruktur mit Ortsgüteranlage, die beginnend mit dem Wegfall der Personenzughalte ab 1977 auch schrittweise obsolet wurde. Erst seit Dezember 2010 hat Reichenberg wieder einen Bahnhaltepunkt. Neu und ortsnah errichtet, dient er nunmehr im Zweistundentakt dem hier gut genutzten Regionalbahnverkehr der Mainfrankenbahn nach Würzburg bzw. Lauda/Crailsheim.

Bild 77 – Durchfahrt eines Güterzugs in Reichenberg/Unterfr. im Sommer 1973, kurz bevor der damalige Bahnhof bei Streckenkilometer 148,5 für den Personenverkehr aufgelassen wurde. Der neue 2010 eröffnete Haltepunkt bindet die Marktgemeinde nach 33 Jahren wieder ans Schienennetz an, nun aber ortsnah bei Streckenkilometer 149,4 gelegen.

Aufnahmen (2): Thomas Naumann

Eisenbahnstrecken in und um Würzburg

In diesem Abschnitt werden die bereits im Kapitel 1 erwähnten sechs Hauptbahnlinien, die unmittelbar auf Würzburg zulaufen bzw. von hier abgehen, kurz vorgestellt. Analog zum vorhergehenden Kapitel beginnt die Darstellung zunächst mit der Strecke nach Gemünden und folgt dann in der Systematik dem Uhrzeigersinn bis zur „Frankenbahn" in Richtung Lauda. Bei der getroffenen und naturgemäß letztlich auch subjektiven Auswahl der jeweiligen Fotodokumente richtet sich die Anzahl der zugeordneten Bilder nicht immer nach der Bedeutung der Strecke, sondern vielfach an der betrieblichen Vielfalt bzw. dem motivlichen Reiz der damaligen Alltagstagsituation.

Sofern es im betrachteten Einzugsgebiet dieser Bahnstrecken abzweigende Nebenbahnen gab oder gibt, werden sie dort jeweils als Unterpunkt erwähnt und dokumentiert. Die Neubaustrecke (NBS) Würzburg – Fulda ist der Vollständigkeit halber informativ mit einbezogen. Die zwar jeweils nur rund 30 Streckenkilometer entfernten größeren Bahnhöfe Schweinfurt, Lauda und Gemünden sind bis auf einzelne Ausnahmen bewusst ausgeklammert, da sie in ihrer sich bietenden Fülle weit über den Rahmen dieser Publikation hinausgehen würden.

Einige Besonderheiten verdienen an dieser Stelle noch Erwähnung: Die – wenngleich auf badischer Seite weiter durch fränkisches Land führende – „grenzüberschreitende" Strecke nach Lauda – Heilbronn – Stuttgart war und ist bis heute das Stiefkind im Würzburger Knoten. Sowohl für die Nürnberger wie auch für die Stuttgarter Direktion stand sie stets am Rande des Interesses, was sich in der Verantwortung der Bestellerorganisation der Länder (BEG in Bayern und NVBW in Baden-Württemberg) bis heute nicht geändert hat. Traditionell stets mit dem ältesten Wagenmaterial ausgestattet, als letzte von allen elektrifiziert, sparsam unterhalten und noch lange Jahre vollständig mit Reichsbahn-Sicherungstechnik ausgerüstet, hinkt sie noch immer dem Standard der anderen Würzburg berührenden Strecken hinterher. Die Regionalbahnen verkehren nur im Zweistundentakt und werden unter Fahrdraht mit leistungsschwachen Dieseltriebwagen bedient, die mit dem Aufstieg aus dem Maintal ihre liebe Not haben.

Trotz einiger Pläne hat es die Region in den dünn besiedelten fränkischen Landen um Würzburg nie zu flächenerschließenden Nebenbahnen gebracht, von der wunderschönen und bis heute im Ausflugsverkehr bis Astheim befahrenen Mainschleifenbahn Seligenstadt – Volkach einmal abgesehen. Die beiden anderen zu nennenden Bahnlinien sind längst verschwunden: einmal die schon 1960 für den Personen- und 1966 für den Gesamtverkehr stillgelegte Stichbahn von Dettelbach nach Dettelbach-Stadt, und zum anderen die vor allem die als Rübenabfuhrbahn angelegte „Gaubahn" von Ochsenfurt nach Weikersheim mit einem kurzen Abzweig nach Creglingen, die einige Jahre nach dem Ende des Personenverkehrs 1974 mit der Verlagerung des Rübenverkehrs auf die Straße bis 1990 ebenfalls vollständig stillgelegt und danach abgebaut wurde.

Kaum lokales Aufkommen im Güterverkehr, kaum Nebenbahnen, nur begrenzte Bedeutung für Pendler im Umland, aber eine überragende Stellung im Personenfern- und Durchgangsgüterverkehr – das waren schon immer typische Merkmale Würzburgs im Eisenbahnverkehr und sind es bis heute auch geblieben.

Bild 78 – Die Weinlese am Steinberg steht im September 1976 unmittelbar bevor, als sich 118 051 mit einem mittäglichen Personenzug auf den Weg nach Aschaffenburg macht. Noch ist der Blick auf die Weinhänge mit der Steinburg ungetrübt, doch lassen die bereits nicht mehr bepflanzten Teile im unteren Bereich der Rebgärten den künftigen Verlauf der Schnellbahntrasse erahnen.
Aufnahme: Thomas Naumann

Würzburg – Gemünden (– Frankfurt/M)

(„Main-Spessart-Bahn“, ehem. „Ludwigs-West-Bahn“)

KBS:	800 (Würzburg – Aschaffenburg)	
	640 (Aschaffenburg – Hanau)	
Länge:	112,5 km	
Eröffnung:	Hanau – Frankfurt Ost	10. September 1848
	Kahl a. Main – Hanau	22. Juni 1854
	Aschaffenburg – Frankfurt/Main	1. Juli 1854
	Würzburg – Aschaffenburg – Kahl a. Main	1. Oktober 1854
Elektrifizierung:	Würzburg – Veitshöchheim	2. Oktober 1954
	Veitshöchheim – Hanau	26. September 1957
Status:	Zweigleisige Hauptabfuhrstrecke mit großer überregionaler Verkehrsbedeutung und Bedienung durch Züge des ICE-, IC-, RE-, RB- und Güterverkehrs. Der von Beginn an notwendige Schiebebetrieb auf der 5,4 km langen „Spessartrampe“ zwischen Laufach und Heigenbrücken bei schweren Zügen ist mit der Inbetriebnahme einer neugebauten Umfahrung des bekannten Schwarzkopftunnels samt steigungsärmerer Untertunnelung des Spessartrückens seit dem 15. Juni 2017 historisch!	
Sonstiges:	Mit der vollständigen Inbetriebnahme als „Ludwigs-West-Bahn“ verkehrten täglich insgesamt fünf Züge pro Richtung zwischen München und Frankfurt/M über Nürnberg – Bamberg – Schweinfurt – Würzburg und Aschaffenburg. Die Fahrzeit zwischen München und Aschaffenburg betrug damals 13,5 Stunden.	

Bild 79 – Noch ganz die überkommene Eisenbahnwelt zeigt der Bahnhof Gemünden (Main) mit seinen Gepäck- und Postkarren, den alten Bahnsteigüberdachungen. Der von 144 034 geführte Personenzug Aschaffenburg – Würzburg ist am 22. Juli 1969 vollständig aus ehemaligen Fahrzeugen der Reichsbahn zusammengestellt. Gemünden ist auch heute noch ein wichtiger Bahnknoten. Die Zeiten, als hier noch alle Schnellzüge der Nord-Süd-Strecke und der Verbindung über den Spessart nach Frankfurt Station machten, sind längst vorbei.

Aufnahme:
Joachim Bügel,
Sammlung Eisenbahnstiftung

Bild 80 – Nur auf den ersten Blick offenbart der Blick von der Gemündener Scherenburg auf die Altstadt am 27. August 1949 ein ländliches Idyll – bei genauerem Hinsehen ist das weitgehend zerstörte Zentrum des Städtchens am Zusammenfluss von Sinn, fränkischer Saale und Main deutlich zu erkennen. Carl Bellingrodt notierte zu der „teilentstromten" Lokomotive der Baureihe 01^{10} des in Richtung Süden fahrenden D 90 die Nummer 01 1090 – aber bekanntlich ging der Altmeister mit solchen Zuweisungen über große Entfernungen sehr großzügig um …

Bild 81 – Eindeutig ist dagegen, welche Zuglok 1958 hier bei Erlabrunn den D 173 (München – Nürnberg – Bremerhaven-Lehe) in Richtung Nordseeküste schleppt. Die ölgefeuerte 01 1081 (ohne Schornsteinaufsatz) hat den Zug schon in Würzburg von einer Ellok übernommen, obwohl der Fahrdraht ihren Weg nach Bebra noch bis Gemünden begleitet. Das war aber üblich, denn in Würzburg waren für die wendenden Dampfloks bessere Bedingungen zum Ergänzen der Vorräte gegeben.

Aufnahmen (2): Carl Bellingrodt, Archiv EK-Verlag

Bild 82 – Die typische Maintal-Kulisse mit Muschelkalkfelsen bei Erlabrunn wählte der Autor für den südwärts eilenden Triebzug der Baureihe 403/404. In hochwertigen IC-Diensten ist die vierteilige Garnitur hier im Jahre 1975 auf der Linie 4 zwischen Bremen und München unterwegs. Nur sechs Jahre währte der Einsatz der drei eleganten, ausschließlich erstklassigen Schnelltriebwagen als IC „Albrecht Dürer" bzw. „Hermes". Nach Einführung des zweiklassigen IC-Angebotes sollten die Triebzüge (Baujahr 1973/74) nach einem kurzen Sonderzug-Intermezzo zumindest noch bis 1993 als Lufthansa-Airport-Express ein adäquates Einsatzfeld erhalten.

Aufnahme: Thomas Naumann

Bild 83 – Der „Alpen-See-Express" war die letzte Einsatz-Domäne der eleganten Triebzüge der Baureihe VT 11[5] (seit 1968: 601). Als ehemalige TEE- und InterCity-Triebwagen hatten sie ihre Glanzzeit bereits hinter sich, für die Belange eines attraktiven und komfortablen Turnus-Reisebüroverkehrs erwiesen sie sich jedoch noch lange Jahre als beliebt und gut genutzt. Bei der Rückfahrt aus südlichen Urlaubsregionen passiert 601 016 zu nachmittäglicher Stunde des 20. Septembers 1986 als Dt 13180 die bereits leicht herbstlich gestimmte Gegend um Thüngersheim, die nicht nur für ihre reizvolle Lage, sondern auch für ihren guten Wein bekannt ist.

Aufnahme: Ferdinand von Rüden

Würzburg – Schweinfurt – Bamberg

(ehemalige „Ludwigs-West-Bahn")

KBS: 810 Länge: 92,2 km

Eröffnung:	Nürnberg – Bamberg („Ludwigs-Süd-Nord-Bahn")	1. Oktober 1844
	Bamberg – Haßfurt	1. August 1852
	Haßfurt – Schweinfurt	3. November 1852
	Schweinfurt – Rottendorf – Würzburg	1. Juli 1854

Die Präferenz für das Ludwig-Main-Donau-Kanalprojekt verhinderte seinerzeit die zeitnahe Realisierung der weiteren Strecke von Bamberg über Würzburg nach Frankfurt (M).

Elektrifizierung:	Bamberg – Waigolshausen:	22. September 1971
	Waigolshausen – Rottendorf:	26. Mai 1972

Status: zweigleisige Hauptbahn mit inzwischen überwiegend regionaler Verkehrsbedeutung

Sonstiges: Bedienung im Regionalverkehr auf folgenden Linien:
Würzburg – Schweinfurt – Bad Kissingen/Mellrichstadt – Suhl – Erfurt;
(Frankfurt –) Würzburg – Schweinfurt – Haßfurt – Bamberg (– Nürnberg)

Bild 84
Bello" war eine feste Größe im Alltagsbetrieb der sechziger Jahre zwischen Würzburg und Bamberg und verschwand erst mit der Aufnahme des elektrischen Betriebs Rottendorf – Waigolshausen zum Sommerfahrplan 1971 von den Schienen. Woher dieser Spitzname für die V 188 002 des Bw Bamberg kam, wird wohl ewig im Dunklen bleiben. Wer diesen Exoten jemals in seiner irgendwie urzeitlich wirkenden Eigentümlichkeit erlebt hat, wird ihn nicht vergessen. Die „Gemeinde" der Verehrer pilgerte gerne nachmittags gegen 16 Uhr an die Schweinfurter Strecke, wo „Bello" in einem durch zwei Reisezüge definierten Zeitfenster recht zuverlässig seinen Auftritt hatte. Bis Rottendorf gab es für die Bergfahrt fast regelmäßig elektrischen Vorspann. Durch das unverkennbare Dröhnen der angestrengt arbeitenden Motoren – baugleich wie jene der V200, jedoch im „Sound" irgendwie anders – machte er rechtzeitig auf sich aufmerksam. Hier hat er, rund 2 km nach der Ausfahrt aus Rottendorf nahe dem Weiler Rothof, seine Fuhre auf kaum mehr als 40 km/h beschleunigt!

Aufnahme: Thomas Naumann

Bild 85 – Zweimal Baureihe 50, einmal elektrisch und einmal Dampf – das war eine der vielen zwischen Würzburg und Rottendorf praktizierten Kombinationen bei der Zugförderung aus dem Maintal hinauf. Hier verlässt im April 1971 ein nachmittäglicher Güterzug in Richtung Schweinfurt, bespannt mit 150 086, und mit 051 369 gerade den Rangierbahnhof in Zell und fährt über die Güterbahn in Richtung Hauptbahnhof. Aufnahme: Helmuth Hombach

Bild 86 – Mit einem Eilzug in Richtung Bamberg durchfährt 118 038 im Frühjahr 1977 den Bahnhof Seligenstadt. Bereits ein Jahr später, am 26. Oktober 1978 ereilte die Lok ihre Ausmusterung. Aufnahme: Thomas Naumann

Seligenstadt – Volkach am Main

(„Mainschleifenbahn“)

KBS: 810 Länge: 10,6 km

Eröffnung:		14. Februar 1909
Einstellung:	Personenverkehr/Güterverkehr	28. Sept. 1968/30. Sept. 1991
Stilllegung:		28. Mai 1994

Status: Ehemalige eingleisige Lokalbahn mit Ausflugspotential ins Weinanbaugebiet im Bereich der Mainschleife. Seit September 1994 bemüht sich die rührige „Interessengemeinschaft Mainschleifenbahn“ um den Erhalt der Strecke. Seit dem 9. Juli 2003 besteht die Genehmigung für einen vom Förderverein durchgeführten Inselbetrieb zwischen Seligenstadt und Volkach-Astheim. Die DB AG kappte am 17. Oktober 1998 im Bahnhof Seligenstadt die Gleisverbindung zur Hauptstrecke Würzburg – Schweinfurt. Die Resttrasse über den Main zwischen Astheim und dem ehemaligen Bahnhof Volkach ist seit dem 31. Januar 2001 entwidmet.

Sonstiges: Es besteht ein saisonaler Wochenend- und Feiertagsbetrieb der IG mit dem vereinseigenen Schienenbus 796 702.

Bild 87
Das Tanklager in Volkach (im Bild Mitte oben) sicherte noch lange nach dem Ende des Personenverkehrs den Bestand der Mainschleifenbahn. Ein für diese Zeit typischer Ganzzug aus Kesselwagen verlässt mit einer Doppelbespannung aus Würzburger 211 oder 212 den Bahnhof Volkach und überquert den Main auf der berühmten Straßen-Schiene-Brücke. Als diese 2011 abgebrochen und durch eine reine Straßenbrücke ersetzt wurde, war das Eisenbahnzeitalter für Volkach endgültig abgelaufen.

Aufnahme: Dr. Wolfgang Schramm

Bild 88

Historisch ist auch die Aufnahme von 260 111 am 23. Juli 1987 mit einem Güterzug auf der einstigen, kombinierten Eisenbahn- und Straßenbrücke über den Main bei Volkach. Das Nachkriegsbauwerk wurde schon bald nach der Verkehrsfreigabe eines pfeilerfreien und gleislosen Ersatz-Neubaus am 3. September 2011 abgebrochen. Seit 2012 ist die alte Brücke endgültig Geschichte.

Bild 89

Am 30. September 1991 rollte der letzte Zug (mit leeren Kesselwagen) aus dem Volkacher Bahnhof über die Mainbrücke in Richtung Seligenstadt. Am Wärterhaus der kombinierten Straßen- und Eisenbahnbrücke, die als Ersatz der 1945 gesprengten alten Mainbrücke am 6. März 1949 eingeweiht wurde, ist der lange Leerwagenzug zu sehen, der auch am Aufnahmetag wie immer mit zwei Lokomotiven (an diesen Tag 212 381 und 212 274) bespannt war.

Aufnahmen (2): Thomas Engert

Gemünden – Wernfeld – Waigolshausen

(„Werntalbahn“)

KBS: 811 Länge: 39,7 km

Eröffnung:	15. Mai 1879
Einstellung Personenverkehr:	30. Mai 1976
Elektrifizierung:	22. September 1971

Status: Eingleisige elektrifizierte Hauptbahn, vornehmlich genutzt als Güterzugumgehung des Knotens Würzburg in der Relation Bamberg – Aschaffenburg. Zwischen Wernfeld und Gemünden verläuft die Trasse über 3 km parallel zur Hauptbahn aus Würzburg.

Sonstiges: Inzwischen verkehren wieder ganzjährig (nur an Wochenenden) zwei Personenzugpaare als „Freizeitexpress Frankenland“ über die Strecke, gleichwohl ohne Zwischenhalt auf den Stationen der Werntalbahn.

Bild 90
Moderne Stellwerkstechnik und Lichtsignale hatten gerade in Gemünden Einzug gehalten, als dieser Blick auf die ausgedehnten Anlagen des Bahnhofs kurz vor Beginn der Elektrifizierung 1953 festgehalten wurde. Zwei Hauptstrecken, die sich hier vereinigten, und zwei Nebenbahnen machten den Bahnhof zu einem wichtigen Knoten im Netz; es gab zahlreiche Überholungen, von denen eine hier beispielhaft festgehalten ist. 44 1587 muss dem Richtung Würzburg ausfahrenden Schnellzug mit 01 046 mit Mischvorwärmer den Vorrang lassen. Wer genau hinsieht, erkennt, dass die elektrische Traktion trotz noch fehlender Fahrleitung schon Einzug gehalten hatte, wenn auch nur in Gestalt eines Akkutriebwagens ETA 177 – der am Zugschluss eines Güterzugs in Richtung Norden angehängte Triebwagen ist vermutlich auf dem Weg ins zuständige AW Limburg.

Aufnahme:
Carl Bellingrodt,
Sammlung Thomas Naumann

Würzburg – Rottendorf – Kitzingen – Neustadt/Aisch – Nürnberg

(„Nürnberger Strecke", heute Teil der „Mainfrankenbahn")

KBS: 805 Länge: 102,2 km

Eröffnung:	Rottendorf – Würzburg *(Teil der Ludwigs-West-Bahn)*:	1. Juli 1854
	Nürnberg – Fürth *(mit Teilverlegung der ursprünglichen Ludwigs-Nord-Süd-Bahn)*:	1. Oktober 1862
	Fürth – Rottendorf:	19. Juni 1865
Elektrifizierung:	Nürnberg – Fürth:	15. Mai 1939
	Fürth – Würzburg:	3. Oktober 1954

Status: Zweigleisige Hauptabfuhrstrecke mit großer überregionaler Verkehrsbedeutung und Bedienung durch Züge des ICE-, IC-, RE-, RB- und Güterverkehrs. Im Laufe der Jahre erfuhr die Strecke zahlreiche Begradigungen zur Erhöhung von Geschwindigkeit und Streckendurchlässigkeit. Jüngste realisierte Maßnahme war der Ersatz der Aurachtalbrücke in Emskirchen durch ein Spannbetonbauwerk am 26. November 2016.

Sonstiges: Die Inbetriebnahme erfolgte damals zeitlich weit nach dem Bau der Ludwigs-West-Bahn. Mit dem Bau einer direkten Verbindung zwischen den beiden größten Städten Frankens sollte trotz der topographisch anspruchsvollen Streckenführung endlich der 60 km lange Umweg über die Bestandsstrecke Nürnberg – Bamberg – Schweinfurt vermieden werden. Zudem erfolgte die Anbindung der relativ aufkommensstarken Mittelzentren Fürth, Neustadt/Aisch, Kitzingen.

Bild 91
Aus Richtung Nürnberg kommend, rollt 18 499 am 19. Juli 1951 im bekannten Faulenberg-Einschnitt in Richtung Würzburg. Am Haken hat sie einen aus vier Wagen bestehenden Express-Eilgutzug (ExprD). Zum Aufnahmezeitpunkt war die Lok beim Bw Bamberg beheimatet (8. Oktober 1949 bis 11. Juni 1953). Ihr Einsatzende erwartete sie bereits 1955 beim Bw Ulm.

Aufnahme:
Carl Bellingrodt
Sammlung Thomas Naumann

Bild 92 – VT 08 501 passiert den Bahnhof Markt Bibart im Zuge der Hauptabfuhrstrecke Nürnberg – Würzburg. Im Vorgriff auf die zum Sommerfahrplan 1952 beginnenden Einsätze der äußerst formschönen und bequemen Schnelltriebwagen fanden zum Zeitpunkt der Aufnahme Personalschulungsfahrten mit den werksneuen Garnituren statt, die bei ihrer Ablieferung zunächst noch das DB-Logo mit Flügelrad auf der Stirnfront trugen.
Aufnahme: Engels, Sammlung Eisenbahnstiftung

Bild 93 – Die beim Bw Würzburg stationierte 89 889 ist zwischen Buchbrunn-Mainstockheim und Dettelbach Bahnhof bei Strecken-km 79,5 mit ihrem Bauzug im Einsatz für die Elektrifizierung der zweigleisigen Hauptstrecke von Fürth nach Würzburg. Aus heutiger Sicht interessant zu sehen, mit welch verhältnismäßig einfachen technischen Hilfsmitteln die Arbeiter die Masten gesetzt haben. Es war dies die erste Strecke nach Würzburg, die unter Fahrdraht kam. Seit dem 3. Oktober 1954 verkehrten die Züge hier nunmehr elektrisch..

Aufnahme: Lichtbildstelle der BD Nürnberg, Sammlung Helmuth Hombach

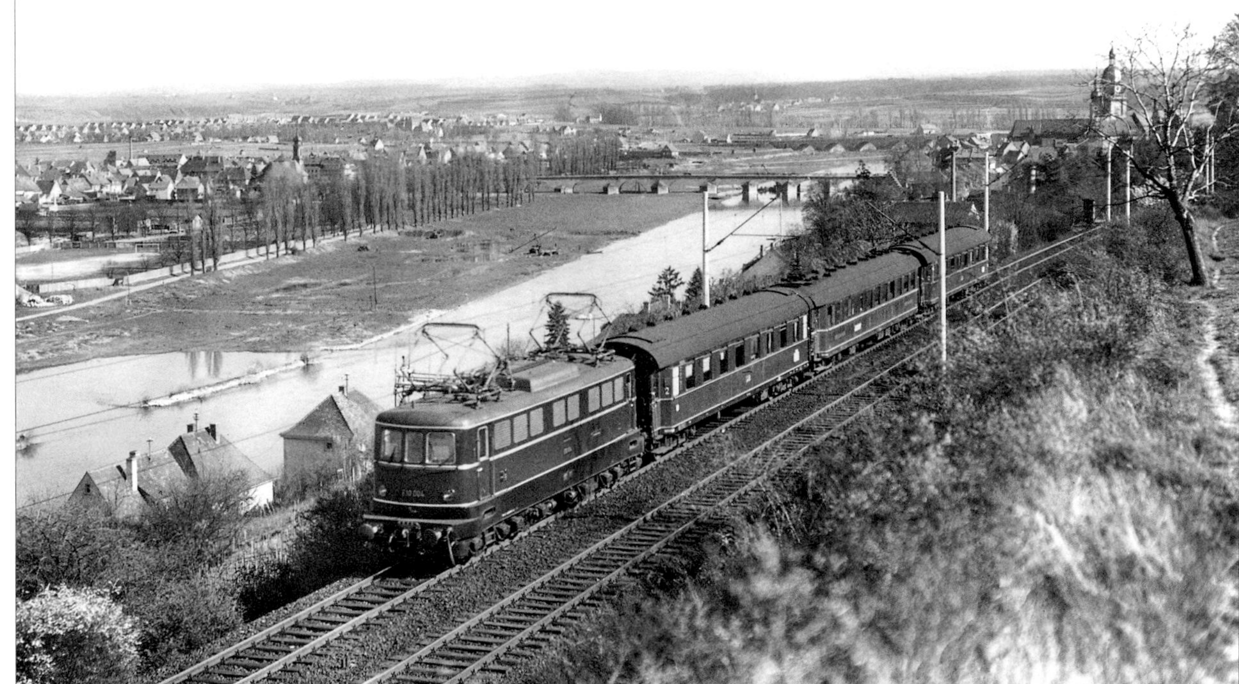

Bild 94 – Zwischen Kitzingen und Würzburg verläuft die Hauptstrecke aus Nürnberg in einem kurzen Abschnitt oberhalb des Mains und eröffnet dort einen weiten Blick über das Flusstal bis zum Steigerwald. Diese schöne Perspektive wählte der Fotograf am 28. April 1955, um E 10 004 mit ihrem F 19 „Glückauf" (Wien Westbf – Essen Hbf) im Bild festzuhalten. Das F-Zug-Netz stellte zu diesem Zeitpunkt das hochwertigste Angebot im Fernverkehr der Deutschen Bundesbahn dar.

Aufnahme: Carl Bellingrodt, Archiv EK-Verlag

Dettelbach Stadt – Dettelbach Bahnhof

(„Baumann Bähnle“ bzw. „Schnäfterle“)

KBS: 416c Länge: 5,5 km

Eröffnung: 30. August 1900

Einstellung Personenverkehr: 2. Okt 1960
Einstellung Güterverkehr: 31. Dez. 1966
Entwidmung: 26. Mai 1968

Status: Ehemalige Nebenbahn an der Hauptstrecke Nürnberg – Würzburg, seit 1968 abgebaut

Bild 95
Dieses Foto gibt einen einzigartigen Eindruck vom offenkundig nur äußerst selten dokumentierten Betrieb auf der sogenannten „Baumann-Bahn“. Den Namen erhielt die Nebenbahn, weil sich der Reichstagsabgeordnete und spätere Bürgermeister von Dettelbach, Luitpold Baumann, für den Streckenbau einsetzte, der letztlich 1896 auch genehmigt wurde.
Die Aufnahme von Ende der fünfziger Jahre lässt wunderbar erahnen, warum die längst stillgelegte Stichstrecke von Dettelbach Bahnhof ins nur 5,5 km entfernte Ortszentrum von Dettelbach Stadt im Volksmund vor allem als „Schnäfterle“ bekannt war. Es ist der führenden 89 854 förmlich anzusehen, wie sie den steigungsreichen Streckenabschnitt ab Dettelbach Bhf mit weit vernehmbarem Auspuffschlag hinauf schnaufte. Die Lok, eine ehemalige bayerische R 3/3, war als Rangierlok konzipiert und in Bayern weit verbreitet, fuhr jedoch auf der ehemaligen Kursbuchstrecke 416c ihre einzigen Personenzugeinsätze.

Aufnahme:
Gottfried Turnwald,
Sammlung Andreas Knipping

Würzburg – Ansbach – Treuchtlingen

KBS: 920 Länge: 140,2 km

Eröffnung:	Gunzenhausen – Ansbach:	1. Juli 1859
	Ansbach – Würzburg:	1. Juli 1864
	Gunzenhausen – Treuchtlingen:	2. Oktober 1869
Elektrifizierung:		15. März 1965

Status: Zweigleisige Hauptbahn mit ehemals großer Bedeutung im bundesdeutschen Nord-Süd-Fernverkehr. Mit der Inbetriebnahme der Neubaustrecke zwischen Nürnberg und Ingolstadt (2006) sowie der weiteren Lenkung des Fernverkehrs über die Ausbaustrecke bis München war eine erhebliche Änderung der Verkehrsströme verbunden. Insbesondere die Fuggerstadt Augsburg, das Allgäu und Schwaben spürten die Auswirkungen, die sich auch deutlich im heutigen Fernverkehrsangebot dieser Strecke widerspiegeln.

Sonstiges: Hauptabfuhrstrecke im überregionalen Güterverkehr. Bedienung im Regionalverkehr zwischen Würzburg und Treuchtlingen im Stundentakt, werktägliche Verdichtungen erfolgen zur Hauptverkehrszeit zwischen Würzburg und Marktbreit. Von den ehemals 29 Unterwegsbahnhöfen dieser Strecke werden aktuell noch 15 von DB Regio bedient. Die Wiederbelebung von Würzburg-Heidingsfeld Ost als Zwischenhalt findet ernsthafte Befürworter, die Realisierung samt Terminierung und Anbindung an den ÖPNV der Stadt bleiben aber weiterhin offen.

Bild 96
Ein Zeitdokument von höchstem Wert führt zurück ins Jahr 1947: Die Mainbrücke im Süden der Stadt ist wieder eingleisig befahrbar und wird gerade von einem mit einer Lok der Baureihe 01 bespannten nachmittäglichen Personenzug in Richtung Ansbach überquert. Der Schwimmbagger und das sonstige schwere Gerät könnten mit dem Wiederaufbau der Brücke zu tun haben. Möglicherweise wird damit aber auch die Fahrrinne des Mains von Hindernissen der Kriegsereignisse befreit.

Aufnahme: Carl Bellingrodt, Archiv EK-Verlag

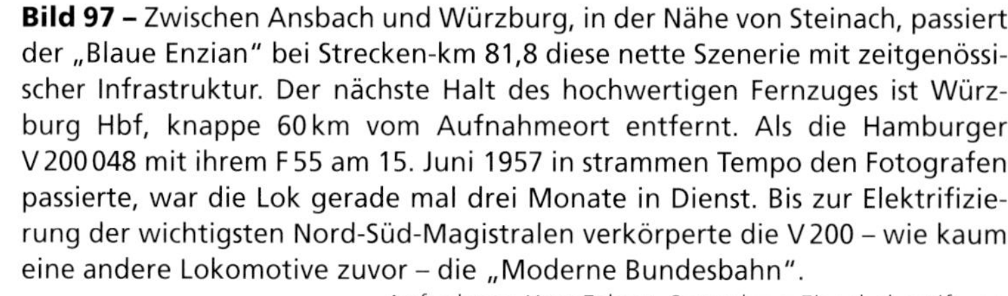

Bild 97 – Zwischen Ansbach und Würzburg, in der Nähe von Steinach, passiert der „Blaue Enzian" bei Strecken-km 81,8 diese nette Szenerie mit zeitgenössischer Infrastruktur. Der nächste Halt des hochwertigen Fernzuges ist Würzburg Hbf, knappe 60 km vom Aufnahmeort entfernt. Als die Hamburger V 200 048 mit ihrem F 55 am 15. Juni 1957 in strammen Tempo den Fotografen passierte, war die Lok gerade mal drei Monate in Dienst. Bis zur Elektrifizierung der wichtigsten Nord-Süd-Magistralen verkörperte die V 200 – wie kaum eine andere Lokomotive zuvor – die „Moderne Bundesbahn".
Aufnahme: Kurt Eckert, Sammlung Eisenbahnstiftung

Bild 98 – Kurz nach Einführung des in den Anfangszeiten noch rein erstklassigen IC-Systems passiert ein Triebzug der Baureihe 601 als morgendlicher IC nach München den Bahnübergang Gneisenaustraße, wo sich die Strecken in Richtung München über Ansbach bzw. Nürnberg trennen. Im Gegensatz zum originalen TEE-Schriftzug mag die – aus heutiger Sicht unbeholfen und etwas krakelig wirkende – neue Blechtafel auf der Front nicht wirklich passend erscheinen …
Aufnahme: Thomas Naumann

Bild 99 – Kurz vor der Aufnahme des elektrischen Betriebs zwischen Würzburg und Treuchtlingen im Jahre 1965 waren auch hochwertige D-Züge vielfach noch mit Dampfloks bespannt. Vor dem Hintergrund des alten Eisenbahner-Stadteils Grombühl beschleunigt 01 235 an einem winterlichen Nachmittag im Dezember 1964 ihren beachtlich langen Schnellzug aus dem Würzburger Hauptbahnhof in Richtung München. Die Maschine bleibt bis Treuchtlingen am Zug. Dort wird eine Ellok die Weiterbeförderung übernehmen. Aufnahme: Mike Harper, Sammlung Eisenbahnstiftung

Bild 100 – Wegen eines amerikanischen Panzers, der auf Abwege geraten war, entgleiste die Nürnberger E 50 041 und Teile ihres Güterzuges am 11. Januar 1966 in der Nähe von Burgbernheim (zwischen Steinach und Ansbach). Aufnahme: Sammlung Eisenbahnstiftung

Ochsenfurt – Bieberehren – Weikersheim

(„Gaubahn")

KBS: 415c   Länge: 36,5 km

Eröffnung:	Ochsenfurt – Röttingen:	30. April 1907
	Röttingen – Weikersheim:	17. November 1909
Einstellung:	Personenverkehr:	29. September 1974
	Güterverkehr: Röttingen – Schäftersheim	1984
	Weikersheim – Schäftersheim	29. September 1990
	Ochsenfurt – Röttingen:	31. Mai 1992

Status: Entwidmung und Gleisabbau der eingleisigen Strecke erfolgte bis 1994. Heute ist die Trasse als „Gaubahn-Radweg" durchgängig asphaltiert.

Sonstiges: Die Bedeutung der beiden Streckenäste lag im Transport landwirtschaftlicher Güter, insbesondere Rüben aus dem Ochsenfurter Gau zur Zuckerfabrik in Ochsenfurt sowie Saatgut und Dünger in umgekehrter Richtung.

Bild 101 – Impressionen von der Nebenbahn im Ochsenfurter Gau sollen die einstmalige Bedeutung der heute abgebauten Strecke für den Transport landwirtschaftlicher Güter in der Region Würzburg untermauern. Bei Gelchsheim hat 211 264 am 30. Oktober 1987 einen bemerkenswert langen Rübenzug zur Zuckerfabrik in Ochsenfurt abzufahren. Aufnahmen (2): Thomas Engert

Bieberehren – Creglingen

(„Gaubahn")

KBS: 415d   Länge: 6,1 km

Eröffnung:		17. November 1909
Einstellung:	Personenverkehr	1. Februar 1967
Stillegung	Gesamtverkehr	30. Mai 1992

Sonstiges: Seit 1935 zweigte im Bahnhof Gaukönigshofen eine neu erbaute Stichstrecke nach Giebelstadt zum Anschluss des dortigen Militärflugplatzes ab. In den ersten Jahren diente die 5,2 km lange sogenannte „Flugplatzbahn" der Zuführung von Material für den Startbahnbau, später wurden auch Truppen von/nach Ochsenfurt transportiert. Nach dem Krieg von den amerikanischen Streitkräften genutzt, diente die Strecke bis zur Abbestellung durch die US Army in den frühen sechziger Jahren noch der Lieferung von Treibstoff.

Bild 102 – Bis zur Stilllegung des letzten Streckenabschnittes zwischen Röttingen und Ochsenfurt am 31. Mai 1992 sorgte noch stattlicher Zuckerrübenverkehr für (zumindest saisonal) ausgelastete Güterzüge. 211 101 bringt am 5. Oktober 1990 bei Baldersheim Leerwagen zur Beladung. Heute sind sowohl die Strecke als auch der Rübenverkehr mit der Bahn weitgehend Geschichte.

Würzburg – Lauda – Heilbronn (– Heidelberg/– Stuttgart)

(„Frankenbahn")

KBS: 780 Länge: 179,7 km

Eröffnung:	(Esslingen –) Stuttgart – Ludwigsburg:	15. Oktober 1846
	Ludwigsburg – Bietigheim:	11. Oktober 1847
	Bietigheim – Heilbronn:	25. Juli 1848
	Heidelberg – Neckargemünd:	23. Oktober 1862
	Osterburken – Mosbach – Neckarelz:	25. August 1866
	Würzburg – Lauda – Osterburken:	1. November 1866
	Neckargemünd – Neckarelz – Friedrichshall-Jagstfeld	24. Mai 1879

Die Daten beziehen sich auf die unterschiedlichen Abschnitte der Gesamtstrecke, die aus Teilen der ehemaligen „Centralbahn" (Esslingen – Stuttgart – Ludwigsburg), der „Nordbahn" (Ludwigsburg – Heilbronn), der „Odenwaldbahn" (Heidelberg – Mosbach) und der „Unteren Jagstbahn" (Heilbronn – Friedrichshall-Jagstfeld – Osterburken) besteht.

Elektrifizierung:	in Teilabschnitten	ab 1959
	Abschluss:	1. Juni 1975

Status: „Stiefmütterlich" behandelte Hauptbahn, aktuell ohne Fernverkehrsangebot. Stuttgart und Würzburg sind im Zweistundentakt durch RE-Züge verbunden. Durchgängige D-Zug-Verbindungen nach Stuttgart sind ebenso wie Eilzugdurchläufe nach Heidelberg – Kaiserslauten längst Geschichte. Ergänzende dieselbetriebene RB-Bedienung im Abschnitt Würzburg – Lauda – Bad Mergentheim/Crailsheim erfolgt ebenfalls im Zweistundentakt mit Taktverstärkungen in der Hauptverkehrszeit.

Sonstiges: Als letzte der auf Würzburg zulaufenden Hauptstrecken 1975 durchgängig elektrifiziert. Damit verbunden war die Streichung zahlreicher Zwischenbahnhöfe. Seinerzeit lösten Altbauelloks die vielfach deutlich jüngere Generation der Dampf- und Dieseltraktion ab. Bis heute wegen des eingesetzten Wagenmaterials als „Altwagensenke" bekannt.

Bild 103 – Nachdem deutsche Pioniere zum Ende des Zweiten Weltkrieges die Heidingsfelder Mainbrücke gesprengt hatten, wurde diese von den U.S.-Streitkräften zunächst behelfsmäßig eingleisig wiederaufgebaut. Schon im November 1945 konnte dieser von einer Lok der Baureihe 38^{10-40} (pr. P 8) gezogene Personenzug den Fluss überqueren.

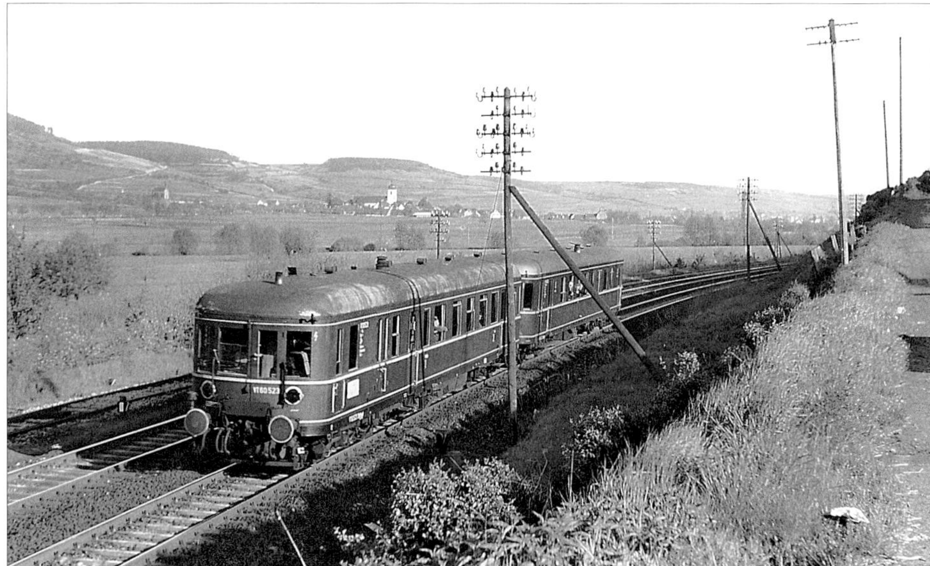

Bild 104 – Der Heilbronner VT 60 521 und ein nicht identifizierter an der Spitze laufender Steuerwagen VS 145 befinden sich auf dem Weg nach Würzburg. Die Triebwagengarnitur bildet den P 2885 aus Lauda und wurde am 12. August 1957 bei Gerlachsheim aufgenommen.

Aufnahmen (2): Archiv EK-Verlag

Bild 105 – Die Vorserienlok V 200 003 ist am 18. Juli 1965 gerade im Würzburger Hauptbahnhof mit ihrem Eilzug gestartet und passiert hier den ehemaligen Bahnübergang Beethoven-/Gneisenaustraße (die auf dem alten, im Vorsatz abgebildeten Stadtplan noch Friedhof-/Faulenbergstraße hießen). Im Hintergrund ist die Strecke nach Rottendorf zu erkennen. Die Lok war exakt dreizehn Jahre im Bw Würzburg beheimatet und zwar vom 31. Mai 1962 bis 31. Mai 1975.

Aufnahme: Kurt Eckert, Sammlung Eisenbahnstiftung

Bild 106
Die Bergfahrt eines mit nur einer V 200 bespannten Schnellzugs nach Stuttgart bis Geroldshausen konnte sich je nach Zuglast mitunter quälend langsam hinziehen. Manchmal wurde daher zur Doppeltraktion gegriffen, zumeist aber im Winter und nicht wie hier am späten Nachmittag des 15. Mai 1969 mit 220 015 (Zuglok) und 220 057 (Vorspann) auf der Heidingsfelder Mainbrücke.

Aufnahme:
Helmuth Hombach

Bild 107
Noch ist die Elektrifizierung zwischen Würzburg und Lauda nicht vollendet, aber der Fahrdraht hängt bereits an den jüngst gesetzten Masten, wie hier bei Strecken-km 148,1 im Jahre 1974 gut erkennbar ist. 215 101 hat gerade Reichenberg (Ufr.) passiert und arbeitet sich mit ihrem Autoreisezug die seit Würzburg Heidingsfeld-West anhaltende, gut 10 km lange Steigung bis Geroldhausen empor.

Bild 108 – Baustellenbedingte Falschfahrt der 144 100 mit ihrer schönen Eilzugwagen-Garnitur bei Reichenberg/Ufr. Im Jahr 1976 erfreute ein solcher Zug sehr wohl das Auge, bestätigte aber aufs Neue die stiefmütterliche Behandlung der „Frankenbahn“, auf der auch nach der Elektrifizierung immer noch gerne altes Rollmaterial „abgefahren“ wurde.
Aufnahme (2): Thomas Naumann

Würzburg – Fulda (– Hannover)

(„NBS“ bzw. Schnellfahrstrecke)

KBS: 351 Länge: 327 km

Eröffnung:	Würzburg – Fulda (93 km)	27. Mai 1988
	(Fulda – Hannover durchgängig)	2. Juni 1991

Status: Seinerzeit größtes zusammenhängendes Neubauprojekt der Deutschen Bundesbahn und bis heute längste Neubaustrecke für Hochgeschwindigkeitsverkehr in Deutschland. Sie verkürzt die Entfernung gegenüber der klassischen Nord-Süd Bestandsstrecke um 51 km. In ihrem Verlauf liegt der „Landrückentunnel“, mit 10.779 m das längste Tunnelbauwerk Deutschlands.

Sonstiges: Am 1. Mai 1988 stellte der ICE Experimental zwischen Würzburg und Fulda mit 406,9 km/h einen (inzwischen von der SNCF überholten) Weltrekord für Schienenfahrzeuge auf.

Neubaustrecke
Hannover–Würzburg
Abschnitt: Fulda–Würzburg
Inbetriebnahme am
29. Mai 1988

Ausstellungsführer Bahnhofsfest Würzburg

Deutsche Bundesbahn 

Bild 109 (oben) und Bild 110 (rechts) – Mit Beginn des Sommerfahrplans 1988 wurde die Neubaustrecke Hannover – Würzburg im 93 km langen Teilabschnitt Würzburg – Fulda eingeweiht und am Wochenende 28./29. Mai 1988 in beiden Städten mit großen Bahnhofsfesten samt Fahrzeugschauen begangen. Stellvertretend hierfür sind ein Ersttagsbrief und der Titel des Ausstellungsführes aus Würzburg abgebildet. Sammlung Ferdinand von Rüden (2)

Bild 111 – Zum Zeitpunkt der Aufnahme gerade fertiggestellt und noch nicht für den öffentlichen Verkehr freigegeben, hat der Fotograf am 29. Mai 1988 vom Hang des Steinbergs aus die Testfahrt ICE 10 mit dem ICE-V (410 001/ 810 002/810 001/810 003/410 002) unmittelbar nach der Ausfahrt aus dem Steinbergtunnel und der Querung des folgenden Überwerfungsbauwerks eingefangen. Die Einführung der Neubaustrecke in den Hauptbahnhof hatte an dieser Stelle eine radikale Änderung des Erscheinungsbildes einer der schönsten Würzburger Ansichten zur Folge – und das nicht zum Besseren. Auch heute, fast drei Jahrzehnte später, schmerzt der Anblick des mittlerweile vielfach geschundenen Steinbergs …

Aufnahme: Albert Schöppner, Archiv Jörg Sauter

Bild 112 – Der Start in das Zeitalter der tunnelreichen Schnellfahrstrecken bedingte auch die Umsetzung aufwendiger Rettungskonzepte. Dazu zählte mit der Inbetriebnahme im Teilabschnitt Fulda – Würzburg zunächst auch die Bereitstellung von zwei sogenannten „Tunnelhilfszügen“, die ab 1988 fest in den beiden Bahnhöfen stationiert wurden. Mit der Erweiterung des Schnellfahrnetzes bis Hannover einerseits und der Schnellfahrstrecke Mannheim – Stuttgart andererseits kamen weitere vier „TuHi“- Züge hinzu. Alle sechs Garnituren bestehen jeweils aus zwei speziell ausgerüsteten Lokomotiven der Baureihe 212 (nach Umbau umgezeichnet in 214, heute 714), dazwischen eingereiht sind zwei Transport-, ein Geräte-, ein Löschmittel und ein Sanitätswagen. Nach Würzburg Hbf und Fulda kamen als weitere Stationierungsorte Hildesheim Hbf, Kassel Hbf, Mannheim und Kornwestheim hinzu, wobei das Notfallkonzept eine ständige Einsatzbereitschaft vorsah. Inzwischen gelten modifizierte Einsatz- und Rettungsgrundsätze, für die auch neue Rettungszüge „RTZ“ angeschafft wurden. Auf dem Foto stehen 214 244 und 214 257 (am anderen Ende) mit ihrem Würzburger Tunnelhilfszug in Einsatzbereitschaft. Die Lok trägt am 9. Mai 1989 ihre türkis/beige Ursprungsfarbgebung, ebenso wie die Wagen, die sich im gelben Anstrich von Bahndienstfahrzeugen zeigen. Im Laufe der Jahre „erröteten“ die Züge komplett, zunächst in Orientrot und später dann in Feuerwehrrot.

Aufnahme: Roland Scheller

Bahnbetriebswerk Würzburg

Für die Betriebsaufnahme auf der staatlichen Ludwigs-West-Bahn, die aus Bamberg und Schweinfurt kommend am 1. Juli 1854 als erste Eisenbahn die Bischofsstadt erreichte, wurden auch Lokbehandlungsanlagen eingerichtet. Wie schon der ursprüngliche Kopfbahnhof in der Ludwigstraße, litt auch die angegliederte Betriebswerkstätte sehr schnell unter der beengten Lage innerhalb der Stadtbefestigung, die keine weitere nachhaltige Ausdehnung erlaubte. Insbesondere mit der Streckenverlängerung nach Gemünden und der geplanten Anbindung weiterer Bahnlinien nach Würzburg wurde sehr schnell offensichtlich, dass nur die Neuanlage eines als Durchgangsstation konzipierten Bahnhofs Abhilfe schafft.

So ging – nur zehn Jahre später mit der Anbindung der Ansbacher Strecke – am 1. Juli 1864 der neue Centralbahnhof am heutigen Standort in Grombühl schrittweise in Betrieb. Die großzügig konzipierten Lokbehandlungsanlagen mit zunächst zwei Remisen und nordöstlich davon angegliederten Werkstätten entstanden hangseitig gegenüber den Betriebsgleisen und dem zur Stadt gelegenen Empfangsgebäude.

Es zeigte sich schon bald die Notwendigkeit baulicher Anpassungen. Zum einen wuchs das Verkehrsaufkommen, zum anderen brachten immer größere und leistungsfähigere Maschinen auch neue Maschinenlängen mit sich, die auch eine regelmäßige Neudimensionierung der Drehscheiben erforderten. Waren es 1892 noch Scheiben mit einem Durchmesser von 14 m, mussten sie bereits 1896 auf 18 m erweitert werden. Zehn Jahre später wuchsen diese auf nunmehr 20 m, um dann 1930 mit 23 m ihre endgültige Länge zu erreichen.

Im Sommer 1914 zählten insgesamt 135 Maschinen aus 15 verschiedenen Länderbahn-Gattungen zum Bestand des Bw Würzburg. 1935 zeigten sich in den Beheimatungslisten erste Einheitslokomotiven der Deutschen Reichsbahn neben Maschinen bayerischer und preußischer Herkunft. Insgesamt 121 Lokomotiven, aufgeteilt auf die Baureihen 03, 18^{4-5} (bay. S 3/6), 38^{10-40} (pr. P 8), 58^{10-21} (pr. G 12), 74^{4-13} (pr. T 13), 86, 89^{6} (bay. D II^{II}), 89^{7} (bay. R 3/3), 89^{8} (Nachbau bay. R 3/3), 94^{5-17} (pr. T 16^{1}), 98^{7} (bay. BB II) und 98^{8} (bay. GtL 4/4) waren jetzt hier zu Hause und unterstrichen die große Bedeutung des Bahntriebswerks, das mit seinen über 1.100 Beschäftigten zudem größte Dienststelle der RBD Nürnberg war.

Einschneidend waren die Folgen der US-amerikanischen Luftangriffe, die kurz vor Kriegsende die Bahnanlagen in Schutt und Asche versinken ließen. Der Wiederaufbau samt der Normalisierung des Eisenbahnverkehrs brauchte seine Zeit. Die politischen Veränderungen führten zur Kappung der Ost-West-Verbindungen. In Würzburg war davon die Relation nach Erfurt betroffen, während nunmehr die Nord-Süd-Strecke in Richtung Fulda – Bebra erheblichen Bedeutungszuwachs erfuhr.

1955 waren mit drei E 44 und zehn E 94 erste Elloks in Würzburg beheimatet, nachdem der Fahrdraht zunächst von Fürth her die Stadt erreichte. Der Lokbestand von insgesamt 118 Maschinen setzte sich des weiteren aus den Baureihen 01, 38^{10-40} (pr. P 8), 44, 45, 50, 55^{25-56} (pr. G 8^{1}), 57^{10-35} (pr. G 10), 64 und 89^{6} (bay. D II^{II}) zusammen.

Zeitgleich entstand eine neue Ellokhalle, 1956 wurde ein neues Heizkraftwerk in Betrieb genommen und 1958 kam eine von der Fachwelt viel beachtete Unterflurdrehbank zum Einbau. Weiterer Platz für die Abstellung von Elektrolokomotiven schuf der Abriss von Lokschuppen II im Jahre 1961. Zwischenzeitlich hatten auch die Rangierloks der Baureihe V 60 Einzug gehalten, ebenso wie die starken Güterzugloks der Baureihe E 50. Ab Sommer 1962 fanden auch Streckendieselloks der Baureihe V 200 in Würzburg eine neue Heimat. Die zeitlos eleganten Maschinen waren hier bis zur Elektrifizierung der Strecke nach Lauda – Osterburken im Jahr 1975 stationiert.

Zwischenzeitlich war auch das Ende der Dampflokzeit in Würzburg in Sichtweite. 1966 endete zunächst der Planbetrieb mit Dampfloks des Eigenbestandes, 1969 fiel die Großbekohlungsanlage dem Abriss zum Opfer und die Einschaltung des Fahrdrahts auf der „Frankenbahn" bedeutete als Schlussstrich das Einsatzende für die letzten Crailsheimer 023 und 050-053.

Dieser Anlass führte zur Neubeheimatung von Altbauelloks in Mainfranken und ließ das Bahnbetriebswerk Würzburg zum Auslauf-Bw für die Baureihen 118 und 144 werden. Die 1982 erfolgte Namensänderung in Betriebswerk 1 konnte aber nicht den Bedeutungsverlust der Betriebsstätte ändern, die nach der Auflösung der Altbaulokbestände 1983/84 weitestgehend ungenutzt blieb. Dies konnte erst mit der Neubeheimatung der Baureihe 440 von DB-Regio etwas abgefedert werden, die als „Mainfrankenbahn" eingesetzt und hier gewartet werden.

Leider steht der 2009/10 erfolgten Sanierung des seit den neunziger Jahren unter Denkmalschutz stehenden Ringlokschuppens I und seiner aktuellen Nutzung durch private Eisenbahnverkehrsunternehmen der 2012 vollzogene Abriss des Ringlokschuppens III gegenüber.

Bild 113 – Seit 1958 waren die E 44 fester Bestandteil der Zugförderung auf den von Würzburg ausgehenden elektrifizierten Strecken, auch wenn diese nur von 1958 bis 1962 und dann wieder von 1975 bis 1984 im Bw Würzburg beheimatet waren. Zwei der 144 haben sich am 29. Februar 1976 vor der Lokleitung des Bw Würzburg versammelt. Aufnahme: Albert Schöppner, Archiv Jörg Sauter

Bild 114 (oben) – Eine Lokparade aus dem Jahre 1943 zeigt die größten deutschen Dampfloks in ihrem Heimat-Bw Würzburg. Vor dem Schuppen stehen 45 010, 45 023 und 45 005, im Haus pausieren u. a. 45 020 und 45 024, hinter dem Drehscheibenhaus ist der Tender einer weiteren 45 zu erkennen. Außerdem wartet rechts 44 276, im Schuppenrund sind noch weitere 44er abgestellt. Entsprechend der unruhigen Zeiten besitzen alle Lokomotiven Kriegsbeleuchtung mit abgedunkelten Loklaternen. Aufnahme: RVM, Sammlung Eisenbahnstiftung

Bild 115 (links) – „Auf den Rand gestellt“ fand sich am 2. November 1963 im Bw Würzburg dieser „Methusalem“. 1892 als bayerische D VII „Ulm“ in Betrieb genommen, lief der C-Kuppler lange als 98 7658 und beendete seine aktive Zeit als Werklok 1017.
Aufnahme: Albert Schöppner, Archiv Jörg Sauter

Bild 116 (oben) – Anlässlich ihrer großen Abschiedstour pausierte 038772 auf dem Weg nach Norddeutschland auch kurz im Bw Würzburg und ergänzte dort am markanten Ladekran ihre Vorräte. So war am 13. Februar 1975 auch ein letzter (dokumentierter) Blick auf Teile der lange alltäglichen Infrastruktur für die Unterhaltung von Dampflokomotiven möglich, die für die hier beheimateten Lokomotiven bereits am 23. Oktober 1969 endete. Aufnahme: Thomas Naumann

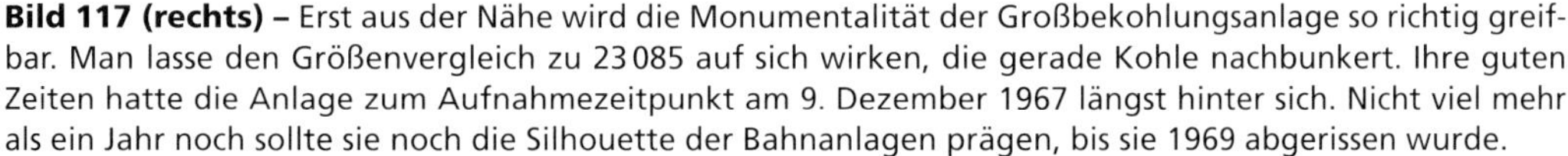

Bild 117 (rechts) – Erst aus der Nähe wird die Monumentalität der Großbekohlungsanlage so richtig greifbar. Man lasse den Größenvergleich zu 23085 auf sich wirken, die gerade Kohle nachbunkert. Ihre guten Zeiten hatte die Anlage zum Aufnahmezeitpunkt am 9. Dezember 1967 längst hinter sich. Nicht viel mehr als ein Jahr noch sollte sie noch die Silhouette der Bahnanlagen prägen, bis sie 1969 abgerissen wurde. Aufnahme: Helmuth Hombach

Bild 118 (oben links) – Das sehr schöne und stimmungsvolle Portrait der E 18 38 vom 11. April 1964 vermittelt einen guten Eindruck von der zeitlosen Eleganz dieser „Edelrenner". Zum Aufnahmezeitpunkt zählte die Maschine zum Bestand des Bw Nürnberg Hbf und war als Gastlok im Bw Würzburg. Die aufgestellten Laufpläne sahen für die Loks der Baureihe E 18 zu diesem Zeitpunkt noch eine Vielzahl hochwertiger Leistungen in Süddeutschland vor, mit denen sie natürlich auch regelmäßig Würzburg erreichten. Aufnahme: Helge Hufschläger, Sammlung Walther Hombach

Bild 119 (oben rechts) – Seit 1963 prägten die leichten Mehrzweck-Neubauloks der Baureihe E 41 den Nahverkehr rund um Würzburg – der aus n-Wagen („Silberlingen") bestehende Drei- oder Vierwagen-Wendezug mit grüner 141 war weit über 30 Jahre lang das gewohnte Erscheinungsbild des Würzburger Nahverkehrs. Hier fährt E 41 237 am 18 .April 1964 gerade auf die Drehscheibe 2 zu, wo erst drei Jahre zuvor das ehemalige „Haus II" abgerissen wurde, um die Installation einer Fahrleitungsspinne zu ermöglichen und damit Abstellraum für die rasch steigende Anzahl hier beheimateter oder wendender Elektrolokomotiven zu schaffen. Aufnahme: Albert Schöppner, Archiv Jörg Sauter

Bild 120 (unten links) – Das Bw Würzburg war ab 1962 langjährige Heimat der V 200 (ab 1968: Baureihe 220). Hier zeigt sich die kurz zuvor aus Frankfurt-Griesheim umbeheimatete Vorserienmaschine V 200 001 neben der Lokleitung auf dem Weg zur Drehscheibe des Ringlokschuppens I, wo sie offenkundig schon erwartet wird. Links lugt noch der „Bubikopf" 64 287 hervor.
Aufnahme: Robin Fell, Sammlung Eisenbahnstiftung

Bild 121 (oben links) – Im schweren Rangier- und Übergabedienst in Würzburg und Kitzingen setze das Bw Würzburg ab 1958 Lokomotiven der Baureihe 94^{5-16} (pr. T 16^{1}) ein. Für 94 1213, die noch einen zentralem Rauchkammertürverschluss besaß, hatte am Samstag, den 18. April 1964, die Wochenendruhe begonnen. Gemeinsam mit der ebenfalls beim Bw Würzburg beheimateten 38 1918 stand sie hinter den Strahlengleisen des ehemaligen Ringlokschuppens II abgestellt.

Bild 122 (oben rechts) – Die Schweinfurter 78^{0-5} (pr. T 18) wendeten regelmäßig in Würzburg. Am 27. März 1967 rückt 78 211 aus dem Bw aus, um die Rückleistung nach Schweinfurt zu übernehmen. Hinter der Lok ist der Bockkran des Ringlokschuppens III zu erkennen, welcher 2012 abgerissen wurde.

Bild 123 (unten rechts) – Die seit dem 17. Februar 1959 mit einem Neubaukessel ausgestattete 01 183 vom Bw Treuchtlingen sonnt sich am 15. Februar 1964 auf der Drehscheibe des Ringlokschuppens III im Bw Würzburg. Die Treuchtlinger 01 kamen bis zur Aufnahme des elektrischen Betriebs zum Sommerfahrplan 1965 nach Würzburg.

Aufnahmen (3): Albert Schöppner, Archiv Jörg Sauter

Bild 124 (oben links) – Die beiden Hofer 001 181 (mit Neubaukessel) und 001 168 (mit Altbaukessel) haben auf dem Weg ins AW Lingen am 19. Oktober 1969 im Bw Würzburg einen Zwischenhalt eingelegt, um ihre Vorräte zu ergänzen und warten nun vor dem Ringlokschuppen III auf ihre Weiterfahrt.
Aufnahmen (2): Albert Schöppner, Archiv Jörg Sauter

Bild 125 (unten links) – V 60 161 befährt am 18. April 1964 die Drehscheibe des Ringlokschuppens I. Gemeinsam mit den Dampfloks der Baureihe 94^{5} hatten die V 60 ab 1957 die bisher in Würzburg im Rangierdienst eingesetzten $55^{25\text{-}56}$ (pr. G 8^{1}) und $89^{6\text{-}8}$ (bay. DII, R $\frac{3}{3}$) verdrängt. Die Lok war dem Standort Würzburg lange treu und bliebbis zum 3. Juni 1996 in der Residenzstadt beheimatet – zuletzt als 360 131.

Bild 126 (unten rechts) – Fast ist man beim Blick auf dieses altrote Idyll mit 323 704, einer weiteren Köf und 211 236 geneigt, wieder die alte Bundesbahnzeit herbeizuwünschen. Ungeachtet dessen ruft diese kleine Lokparade vom 11. Juni 1984 vor dem Ringlokschuppen I des Bw Würzburg zumindest beste Erinnerungen an vergangene Tage wach, als die Residenzstadt auch noch Heimat zahlreicher Dieselloks und Kleinlokomotiven war.
Aufnahme: Ferdinand von Rüden

Bild 127 (oben rechts) – Ein typisches Bild für das Bw Würzburg waren und sind die auf den Strahlengleisen des 1962 abgerissenen Ringlokschuppens II abgestellten Elloks. Im Februar 1976 hatten sich hier die Würzburger 144 083, die heute als Museumslok erhaltene 110 348 vom Bw München Hbf, 140 169 und 151 048 aus Nürnberg sowie die Würzburger 118 024 auf den Gleisen 13 bis 17 versammelt. Aufnahme: Albert Schöppner, Archiv Jörg Sauter

Bild 128 (unten links) – 17 Tage vor ihrer Ausmusterung entdeckte der Autor neben der Besandung die abgestellte 118 024. Am 12. Februar 1984 war nicht abzusehen, dass die Lok auch bei Erscheinen dieses Buches noch existieren würde. Nach Zwischenstationen im ehemaligen Bw Aschaffenburg und im „Mainfränkischen Verkehrsmuseum" in Gemünden erwarb sie der „Thüringer Eisenbahnverein" anno 1999. Im ehemaligen Bw Weimar erfährt sie im Rahmen eines Langfristprojektes eine aufwendige Aufarbeitung zum rollfähigen Ausstellungsobjekt und zeigt sich dort inzwischen wieder im ursprünglichen Flaschengrün. Aufnahmen (2): Ferdinand von Rüden

Bild 129 (unten rechts) – Der Verein „Eisenbahnmuseum Würzburg e. V." engagiert sich ehrenamtlich u. a. für den betriebsfähigen Erhalt der beiden Vereinsloks V 100 1200 und 52 7409. Anlässlich der Feierlichkeiten zur Eröffnung der NBS Würzburg – Fulda wurde die 1984 in Österreich erworbene Dampflok erstmals halbfertig auf den Freigleisen der Drehscheibe II präsentiert. Nach erfolgreichen Einsatzjahren steht aktuell eine neuerliche Hauptuntersuchung der auf den Namen „Stadt Würzburg" getauften Lok ebenso an wie die tatkräftige Hilfe spendenfreudiger Unterstützer.

Auf vier Straßenbahnstrecken durch die Stadt

Weder „Straßenbahn“ noch „Trambahn“ – mit der „Straba“ fährt der Würzburger „nei der Stadt“ – und so weiß sich auch die Studentin aus Flensburg schon gleich zu Anfang ihres ersten Semesters an der Würzburger Universität auszudrücken …

Die Geschichte innerstädtischen Schienenverkehrs begann schon 1892 mit der ersten Pferdebahn, die 1900 auf elektrischen Betrieb umgestellt wurde und in den Folgejahren ein rasch erweitertes Netz bedienen konnte. Die Verbindung der großen, in der Gründerzeit erheblich ausgebauten Stadtteile Sanderau und Zellerau, des mit dem Eisenbahnbau ganz neu angelegten Stadtteils Grombühl sowie des unteren Frauenlandes mit der Innnenstadt ließ binnen eines Jahrzehntes ein kleines, aber verkehrlich gut strukturiertes meterspuriges Schienennetz entstehen, das alle damals wichtigen verkehrlichen Bedürfnisse gut abdeckte. Dazu gab es Strecken in das Naherholungsgebiet Steinbachtal und von der Zellerau nach Oberzell, die nur dem Ausflugsverkehr dienten.

Im Gefolge des Ersten Weltkrieges brach der Ausflugsverkehr naturgemäß ganz weg, der Betrieb im restlichen Netz konnte wegen Stromausfällen durch Kohleknappheit nur noch unregelmäßig aufrechterhalten werden. Die wirtschaftliche Situation, zu Beginn des Jahrhunderts noch optimistisch eingeschätzt, führte im Jahr 1920 zur Gesamtstilllegung des Betriebs. Erst im Herbst 1924 gelang es auf Grundlage neuer Unternehmensstrukturen, den Straßenbahnverkehr zunächst zwischen Hauptbahnhof und Sanderau, dann auch nach Grombühl sowie in die Zellerau wieder aufzunehmen. Alle anderen Strecken wurden nicht wieder in Betrieb genommen. Mit der Eingemeindung von Heidingsfeld nach Würzburg wurde dann eine lange neue Strecke dorthin erbaut und 1929 erstmals befahren.

Die Nachkriegszeit nach der Zerstörung der Stadt war von Diskussionen über Abschaffung oder Beibehaltung der „Straba“ geprägt. Stets konnte die Einstellung verhindert werden, nie jedoch reichte es für eine zukunftsfähige Erweiterung des Netzes in die großen Neubaugebiete der Nachkriegszeit. Immer wieder gelang es, den Betrieb „gerade so“ über die „Runden zu retten“, vielfach durch den Ankauf billig gebraucht verfügbarer, teilweise museumsreifer Fahrzeuge aus anderen Städten.

Erst in der zweiten Hälfte der achtziger Jahre tat sich einmal – und bis heute zum einzigen Mal – ein Zeitfenster auf, in dem es gelang, die Stadtteile Heuchelhof und Rottenbauer an das Schienennetz anzubinden. Da steht der Betrieb auch heute wieder, im Jahr 2017, da das 125-jährige Bestehen seit Inbetriebnahme der Pferdebahn begangen wird: Auf unsicherem Terrain der einzige deutsche Straßenbahnbetrieb, der es nach wie vor nicht schafft, die großen Neubaugebiete der Stadt auf der Schiene zu erschließen. Erst wenn dies mit neuen Strecken durch das Frauenland zur Universität und in den Würzburger Norden geleistet ist, kann von einer zukunftssicheren Situation gesprochen werden.

Solange bleibt die „Straba“ zwangsläufig ein seit fast 90 Jahren – Ausnahme ist nur der Heuchelhof – unverändertes und viel zu kleines Segment in einem riesengroßen Busbetrieb mit Gelenkbussen, die abschnittsweise Stoßstange an Stoßstange wie in einer Karawane fahren …

Wirtschaftlich erfolgreich, im Sinne einer positiven Stadtentwicklung und ökologisch nutzbringend ist das alles nicht, aber so lange eine große und eine kleine Rathauspartei dem ÖPNV nahezu gleichgültig, dem System Straßenbahn sogar teils recht feindlich gegenüber stehen, wird sich daran wohl auch nichts ändern.

Bild 131 – Ein Zug der Linie 1 mit dem Wagen 14 nähert sich Mitte der fünfziger Jahre der Endhaltestelle Sanderau in der Friedrich-Spee-Straße. Damals herrschte kein „Linksverkehr", vielmehr lag in der Friedrich-Spee-Straße nur ein Gleis, und der Zug hat bereits die Ausweiche am Streckenende erreicht. Zum Ein- und Aussteigen wurde dort grundsätzlich das entlang des Gehwegs verlaufende Gleis genutzt. Über das zweite Gleis in Straßenmitte musste der Triebwagen den Beiwagen umfahren, um sich dann in Fahrtrichtung stadteinwärts wieder vor diesen zu setzen. An- und Abkuppeln waren Aufgaben des Schaffners. Aufnahme: Dieter Waltking, Sammlung VDVA

Bild 130 (linke Seite) – Die Straßenbahn wurde nach dem Ende des Krieges stückweise und dem Fortgang der Enttrümmerung folgend wieder in Betrieb genommen. Wo Mainbrücken zerstört waren dauerte es länger, zwischen der Sanderau und Grombühl konnte die Linie 1 schneller wieder durchgehend betrieben werden. Hier steht 1953 der Wagen 12 an der Endhaltestelle Sanderau in Richtung Grombühl zur Abfahrt bereit. Mehrere Würzburger Stadtteile tragen den Namen von Flussauen, die der Main dort im Laufe der Zeiten geschaffen hat.
Aufnahme: Peter Boehm, Sammlung VDVA

Bild 132 (rechts) – Während die „Straba" früher alle wichtigen Stadtteile bediente, ist sie seit 1945 immer weiter ins Hintertreffen geraten. Heute fehlen Strecken in die am dichtesten besiedelten Stadtteile und zur Universität mit über 30.000 Studierenden leider auf dieser Karte – nicht etwa aus Geldmangel, sondern weil die Politik unter fünf wechselnden Stadtoberhäuptern nicht „in die Pötte gekommen ist". Damit hält Würzburg leider in Deutschland die „rote Laterne" in Sachen Straßenbahn … Zeichnung: Stefan Höltge/EK

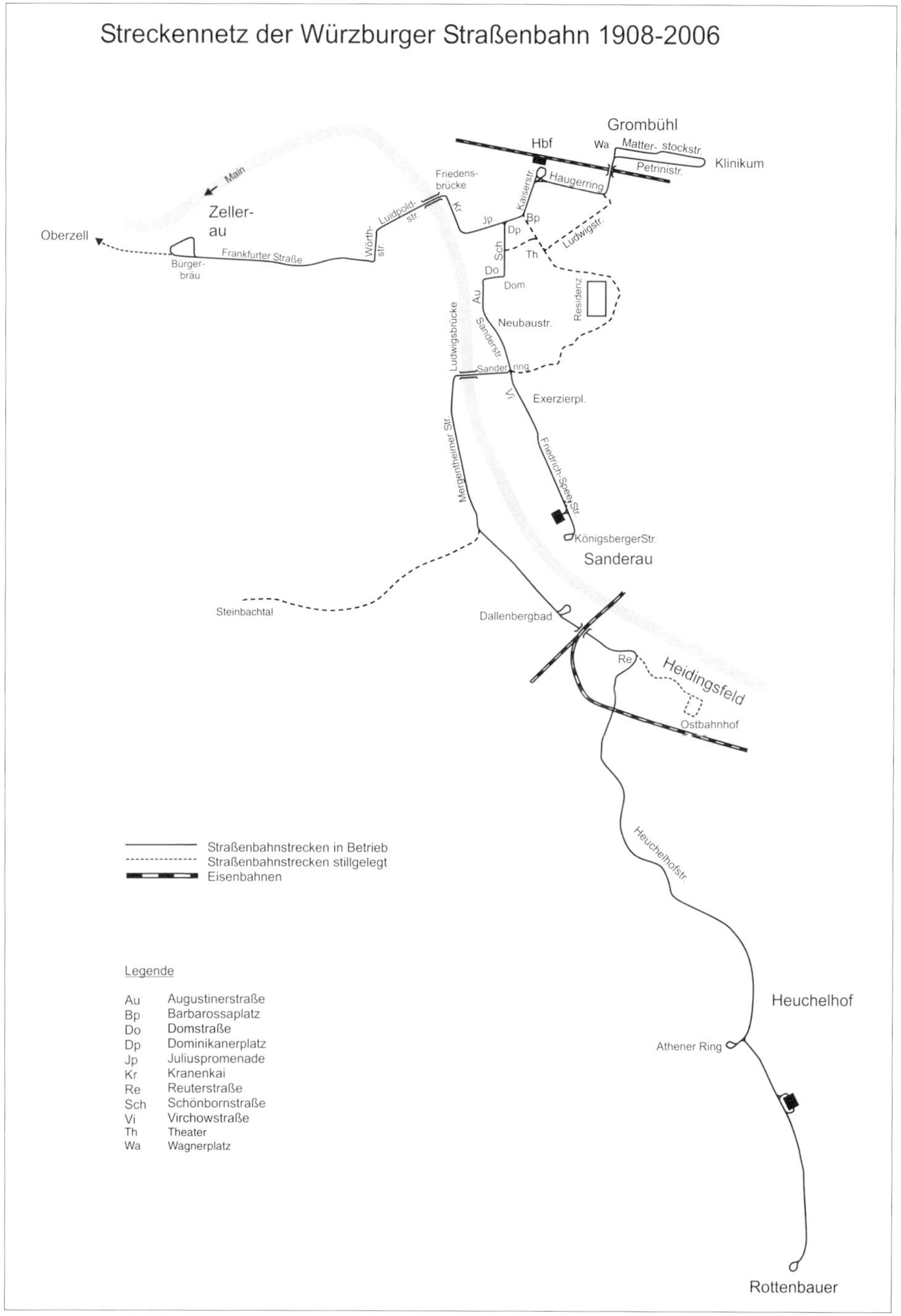

Streckennetz der Würzburger Straßenbahn 1908-2006

Straßenbahnstrecken in Betrieb
Straßenbahnstrecken stillgelegt
Eisenbahnen

Legende

Au	Augustinerstraße
Bp	Barbarossaplatz
Do	Domstraße
Dp	Dominikanerplatz
Jp	Juliuspromenade
Kr	Kranenkai
Re	Reuterstraße
Sch	Schönbornstraße
Vi	Virchowstraße
Th	Theater
Wa	Wagnerplatz

Bild 133 (oben links) – Die blanke Not führte dazu, dass nach Kriegsende die seit 1919 nicht mehr befahrenen und abschnittsweise längst unter dem Asphalt der Straße verschwundenen Gleise von der Zellerauer Mainaustraße über den Zeller Bock bis zum Kloster Oberzell wieder ausgegraben und noch einmal zwei Jahrzehnte bis zur endgültigen Stilllegung befahren wurden. Busse, Reifen und Diesel waren knapp und teuer, Pkw rar, und die – je nach Ziel – zwischen 300 m bis zu 3 km Fußweg nach Zell nahm man klaglos in Kauf, wie der Andrang auf dem Bild beweist. Als die alle 12 Minuten verkehrende Straßenbahn dann 1965 ersatzlos eingestellt wurde, verwies man die Fahrgäste auf den schon einige Jahre im Stundentakt parallel verkehrenden Bus nach Margetshöchheim …

Bild 134 (oben rechts) – Heute kaum noch wiederzuerkennen ist die Brücknerstraße, hier aus Richtung der Grombühlbrücke gesehen in der ersten Hälfte der fünfziger Jahre, mit einem Richtung Sanderau fahrenden Zug der Linie 1. Wo Ruinen und provisorische Nachkriegsgeschäftsbaracken das Bild beherrschen, ist später unter Rücknahme der Bebauungskanten eine Platzsituation entstanden.

Aufnahme: Sammlung Reiner Bimmermann

Bild 135 (unten links) – Die äußere Zellerau begann sich in den fünfziger Jahren erst allmählich mit Wohn- und Gewerbebebauung zu füllen. Daher verkehrte nur jeder zweite Wagen als Linie 2 vom Hauptbahnhof bis zum Kloster Oberzell, während die anderen – wie hier im Bild – als Linie 4 bereits am „Nullviererplatz“ endeten. Zweirichtungswagen, wie sie traditionell eingesetzt wurden, machten die Wende über Weichen ohne Wendeschleife einfach; erst 1965 endete dieser Betriebsablauf, als mit der Stilllegung der Oberzeller Strecke der Straßenbahnbetrieb zur Mainaustraße zurückgezogen wurde. Zugleich wurde die Linie 4 gestrichen und alle Wagen bedienten die gesamte Strecke, wie es die mittlerweile vollständige Bebauung der Zellerauer Talbucht nun auch dringlich erforderte.

Aufnahmen (2): Dieter Waltking, Sammlung VDVA

Bild 136 (oben links) – Auf seiner Fahrt zum Kloster Oberzell nähert sich der Wagen 118 seinem Ziel; knapp 1 km vor der Endstation befand sich die Ausweiche „Zeller Bock“, deren Haltestelle lediglich den drei, vier dort stehenden Häusern den Anschluss an die weite Welt sicherte. Den restlichen Streckenabschnitt konnte mangels Ausweiche immer nur ein Solotriebwagen befahren, was aber für das Verkehrsaufkommen auch vollkommen ausreichend war.
Aufnahme: Eduard Bouwman, Sammlung VDVA

Bild 137 (oben rechts) – Kaum zu glauben, dass so einmal der Fortschritt aussah … Doch in den fünfziger Jahren war es – zumindest für Würzburger Verhältnisse – ein Hauch von Zukunft: automatische Türen, bequeme Sitze, flottes Fahren mit vier angetriebenen Achsen und das Ganze im Design der Zeit. „Max und Moritz“ wurde das Gespann genannt – Vergleichsmaßstab war damals der folgende Zug, bestehend aus einem MAN-Triebwagen von 1928 und einem 1949 gebraucht aus Augsburg übernommenen Beiwagen, der noch aus dem vorigen Jahrhundert stammte (Friedrich-Spee-Straße 1955).
Aufnahme: Stadtarchiv Würzburg

Bild 138 (unten rechts) – Kurz vor seinem Umbau zu einem achtachsigen Gelenkwagen durch Einfügung eines neuen Mittelteils im Jahr 1981 verlässt der Wagen 231 – der erste aller nach Würzburg gelieferten Duewag-Züge – die Haltestelle Dominikanerplatz in Richtung Hauptbahnhof. Behängt ist er mit einem der vier von der Heidingsfelder Karosseriefabrik Voll 1959/60 mit neuen Aufbauten versehenen zweiachsigen Beiwagen, die auf uralten Fahrgestellen aufgebaut waren. Es sollte noch ein gutes Jahrzehnt dauern, bis die im Vordergrund sichtbare Juliuspromenade endlich vom Autoverkehr befreit wurde. Heute hat sie sich nach Neugestaltung mit Pflanzung zweier markanter Baumreihen zu einer „guten Stube“ der Innenstadt mit Zentralhaltestelle der Straßenbahn entwickelt, die dem Namen „Promenade“ wieder alle Ehre macht.
Aufnahme: Reiner Bimmermann

Bild 139 (oben links) – An der Haltestelle vor dem Juliusspital steht ein Zug der Linie 2 mit Wagen 108 mit der Zielbeschilderung „Oberzell" und am Fenster eingestecktem Zusatzschild „zum Festplatz". Das Bild wurde im Hochsommer zu Zeiten des alljährlich im Juli auf dem Talavera-Platz stattfindenden Kiliani-Volksfestes aufgenommen – den zu diesem Anlass traditionell gepflegten Fahnenschmuck tragen die Straßenbahnen noch heute. Den Beiwagen wird der Triebwagen am Bürgerbräu abstellen, und der nächste aus Oberzell zurückkehrende Triebwagen wird ihn dann wieder in die Stadt mit zurücknehmen. Am Kloster Oberzell gab es nur ein stumpf endendes Gleis, Umsetzen war nicht möglich. Aufnahmen (3): Eduard Bouwman, Sammlung VDVA

Bild 140 (oben rechts) – Der Vertrag über die Eingemeindung von Heidingsfeld nach Würzburg verpflichtete die Stadt Würzburg auch zum Bau einer Straßenbahnstrecke, der – wenn auch mit einigen „Schönheitsfehlern" – pünktlich erfüllt wurde. Aber auch 35 Jahre später – zum Zeitpunkt der Aufnahme 1963 – fehlte immer noch das zweite Streckengleis. Es sollte noch weitere 25 Jahre dauern, bis dieser Engpass endlich beseitigt war. So lange mussten die Züge an der Haltestelle Zollhaus-Steinbachtal kreuzen, wie es im Bild zu sehen ist, und konnten maximal alle 12 Minuten fahren, was schon längst nicht mehr den Verkehrsbedürfnissen entsprach.

Bild 141 (unten links) – In der Kaiserstraße, die den Bahnhof mit der Innenstadt verbindet und beiderseits durchgehend mit Geschäftslokalen besetzt ist, zeigt sich im Sommer 1963 deutlich der wachsende Wohlstand der Aufbauzeit: Vom Mercedes 180 bis zum amerikanisch inspirierten Warenhaus für den kleinen Geldbeutel – die breite Mehrheit der Bevölkerung nimmt am steigenden Lebensstandard teil. Da sehen die auf dem Stand von 1930 stehengebliebenen Straßenbahnen im wörtlichsten Sinne „alt" aus, und kaum einer hätte damals vermutet, dass die „Straba", wie sie in Würzburg allerseits genannt wird, ein halbes Jahrhundert später noch immer und mehr denn je das Stadtbild prägt.

Bild 142 (oben links) – Mitte der siebziger Jahre wurde in der Schönbornstraße ein erstes Stückchen Fußgängerzone geschaffen – der Anfang einer großen Erfolgsgeschichte, die sich in den Folgejahrzehnten im Stadtkern mehr und mehr ausgedehnt hat. Obwohl überall mit segensreichen Wirkungen für Handel und Bevölkerung verbunden, bedarf es bis heute eines jeweils zähen und langen Kampfes um jedes Stückchen Straße, das dem Autoverkehr abgerungen und den Menschen zurückgegeben werden soll. Aufnahme: Stadtarchiv Würzburg

Bild 143 (oben rechts) – Bei hochsommerlichen Temperaturen verlässt ein Zug der Linie 3 die Haltestelle Zollhaus-Steinbachtal in Richtung Heidingsfeld; trotz Badebetrieb ist er nur mit einem Beiwagen unterwegs, denn die „Münsteraner" – deren Stammlinie die 3 war – konnten aus Gewichtsgründen nicht mit zwei Beiwagen selben Ursprungs behängt werden. Deswegen wurden sie bei Badewetter dort teilweise durch kürzere und leichtere MAN-Triebwagen mit zwei Anhängern ersetzt. Bis in die späten sechziger Jahre waren offene Türen in der Sommerhitze alltäglich, was die Fahrt angenehm machte; je nach Fahrzeug wurde der Ausstieg mit einem Scherengitter oder einer vorgehängten Lederkordel gesichert – nicht zu vergessen die gestrengen Blicke von Schaffner oder Schaffnerin, die die Kinder gerne von der offenen Plattform verscheuchten ... Aufn.: Eduard Bouwman, Sammlung VDVA

Bild 144 (unten rechts) – Als Anfang der sechziger Jahre die ersten Gelenkwagen zum Einsatz kamen, mussten mit dem geringstmöglichen Aufwand Wendestellen – zunächst in der Sanderau und Grombühl – geschaffen werden. Man entschied sich für Gleisdreiecke; bei der Rückwärtsfahrt zurück auf die Straße musste der Schaffner vorangehen und das Manöver sichern (Sanderau 1965). Später, als mit der Einführung des schaffnerlosen Betriebs „eiserne Schaffner" deren Aufgaben übernahmen, mussten stationäre Rangierschaffner bis zur Anlage von Wendeschleifen die Rückwärtsfahrten sichern. Aufnahme: Christoph Köhler, Sammlung VDVA

Bild 145
Exakt der selbe Blickwinkel am selben Ort wie Bild 130, nur gut 15 Jahre später: Auch jetzt wartet „die Eins“ auf die Abfahrt Richtung Grombühl, aber das Umfeld hat sich vollständig gewandelt. Wo noch kurz zuvor das fruchtbare Schwemmland der Au von zahlreichen Sanderauer Gemüsegärtnern bewirtschaftet wurde, sind die letzten Kriegsruinen beseitigt sowie neue Gewerbe- und Wohnbauten entstanden. Noch muss man im „Fahrgastfluss“ genannten Verfahren vorne und in der Mitte aussteigen und darf nur hinten einsteigen, vorbei am dort sitzenden Schaffner. Die rot-gelben Plakate „Kraftfahrer, bitte nehmt Rücksicht auf die Straßenbahn“ waren damals vorn und hinten an allen Wagen angebracht, ihr Nutzen hielt sich jedoch in Grenzen … Wagen 217 ist einer der unter Verwendung der Fahrgestelle aus den MAN-Wagen der zwanziger Jahre neu entstandenen Gelenkwagen des Typs C.

Aufnahme:
Wolfgang Kramer
Sammlung VDVA

Bild 146
Die Reuterstraße in Heidingsfeld vor den Toren der Altstadt war von 1928 bis 1968 Endhaltestelle der Linie 3. Als diese dann bis zum Ostbahnhof verlängert wurde, konnten mit den fabrikneuen Duewag-Gelenkwagen dort erstmals zeitgemäße Fahrzeuge eingesetzt werden. Im Bild TW 247, einer der 1975 beschafften und bereits ab Werk achtachsigen Züge der Serie 241-248, deren letzte Vertreter auch heute noch im Einsatz sind.

Aufnahme:
Peter Boehm
Sammlung VDVA

Bild 147 (oben links) – In den späten siebziger Jahren war die Würzburger Straba zwar mitten in der Grundsanierung, aber an vielen Ecken sah es noch so aus wie hier am Kranenkai bei der Auffahrt zur Friedensbrücke. Akute Lebensgefahr bestand zwar nicht, aber es sollte noch ein Jahrzehnt vergehen, bis der Gesamtbetrieb einem zeitgemäßen Zustand entsprach. Leichter Novembernebel liegt über der Szenerie, der aus Hagen übernommene Wagen 280 – in tadellos modernisiertem Zustand – ist in Richtung Zellerau unterwegs. Linkerhand befand sich damals noch der alte Schlachthof, heute steht hier das Würzburger Kongresszentrum CCW.

Bild 148 (oben rechts) – Anfang der achtziger Jahre war im Bereich der Umsteigehaltestelle Reuterstraße kein Stein mehr auf dem anderen geblieben. Durch Heidingsfeld war mit einer vierspurigen Straße eine Schneise städtebaulichen Kahlschlags gezogen worden. Die Straßenbahn hatte eine neue Haltestelle erhalten, die das Umsteigen nunmehr sicher und bequemer machte. Schön war das nicht, aber zweckmäßig. Es sollte noch ein weiteres Jahrzehnt ins Land gehen, bis die „Straba"-Linie 5 in Betrieb genommen wurde. Solange stieg man weiterhin in die Busse um, die zu diesem Zeitpunkt – im Gegensatz zur Straßenbahn – bereits ein neueren Generation angehörten.

Bild 149 (unten rechts) – Zum ersten Mal seit 50 Jahren gelang es 1989, das Würzburger Straßenbahnnetz an die seitdem fortgeschrittene Stadtentwicklung anzupassen. Kurz vor Jahresende konnte bei „Kaiserwetter" die5km lange Neubaustrecke zum Heuchelhof, hier am Eröffnungstag mit TW 211, in Betrieb genommen werden. Damit verbunden war der – seit 1928 geplante – zweigleisige Ausbau nach Heidingsfeld und der Einstieg in ein umfassendes Beschleunigungsprogramm mit Priorität für die Straßenbahnen an Lichtsignalanlagen. Ein schöner, ja der beste Tag für den Würzburger ÖPNV seit Kriegsende; gegenüber dem Busverkehr haben sich die Fahrgastzahlen auf dieser Strecke in der Folge fast genau verdoppelt, netzweit brachte die Heuchelhof-Straba einen Nachfragezuwachs von rund einem Drittel.

Aufnahmen (3): Thomas Naumann

Städtischer Busbetrieb und Überlandverkehr

Der Busbetrieb, der heute so übermächtig groß geworden ist, startete in der Zwischenkriegszeit mit einer ersten bescheidenen Anbindung des Frauenlandes und einiger weiterer Ziele. Große eher dünn besiedelte Teile der Stadt blieben noch bis nach dem Zweiten Weltkrieg ohne Anbindung an den öffentlichen Verkehr. Allenfalls verkehrten einige wenige Postbusse, die in Richtung ihrer meist ländlichen Destinationen auch einige Haltestellen im Stadtgebiet bedienten.

Wer davon nicht profitierte, war auf „Schusters Rappen" angewiesen. Erst zu Beginn der fünfziger Jahre wurden die Fahrpläne ausgeweitet und das Bedienungsnetz enger geknüpft. Mit dem Aufbau neuer recht dicht besiedelter Stadtteile, fortschreitender „Häuslebauerei" auf den Gemarkungen von bisher kleinen Bauerndörfern sowie dem Aufbau der großen Campus-Universität am östlichen Stadtrand wuchs das Busnetz auf ein Vielfaches an. Ende der Fünfziger, Anfang der Sechziger modernisierten Bahn und Post sichtbar ihre Busflotten und Würzburg nahm seine ersten Gelenkbusse in Betrieb. Heute gibt es Straßen, in denen gefühlt mehr Busse als andere Autos fahren. Alleine zur Universität gibt es in der morgendlichen Spitzenstunde ziemlich genau 100 Busabfahrten aus der Innenstadt …

Bild 150 – In den ersten Jahren der Nachkriegszeit konnte man sich glücklich schätzen, wenn es überhaupt irgendeine Form von Transportmittel gab; der Zugang zu den wenigen verkehrenden Linienfahrten war durch mangelnde Kapazität limitiert, und die Nachfrage überstieg das Angebot bei Weitem. Hier steht ein Stadtbus mit Gastank auf dem Dach 1947 am Hauptbahnhof zum Zustieg bereit, und die Menge der geduldig Schlange stehenden Mitfahrwilligen spricht für eine Vollbesetzung.
Aufnahme: Sammlung Günter Severin

Bild 151 – Eine sehr gut besetzte Kraftpost mit einem schweren Mercedes-Benz O5000 verlässt hier vor der eindrucksvollen Kulisse der Festung Marienberg die Ludwigsbrücke in Richtung Altstadt. Wegen ihrer jeweils zwei an den beiden Brückenköpfen befindlichen Löwenstatuen wird das Bauwerk im Volksmund auch Löwenbrücke genannt. Das Festungsbauwerk, das lange Zeit Residenz der Würzburger Fürstbischöfe war, trägt noch deutlich sichtbare Spuren der Kriegszerstörungen.
Aufnahme: Museum für Kommunikation, Frankfurt, Sammlung Volkhard Stern

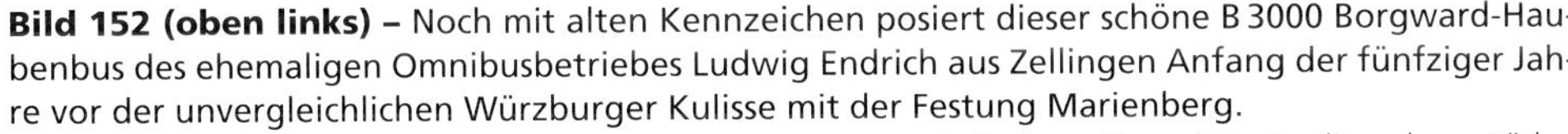

Bild 152 (oben links) – Noch mit alten Kennzeichen posiert dieser schöne B 3000 Borgward-Haubenbus des ehemaligen Omnibusbetriebes Ludwig Endrich aus Zellingen Anfang der fünfziger Jahre vor der unvergleichlichen Würzburger Kulisse mit der Festung Marienberg.

Aufnahme: Sammlung Ferdinand von Rüden

Bild 153 (oben rechts) – Neu beschaffte Busse präsentierte man der Presse in der Nachkriegszeit noch bis hinein in die siebziger Jahre gerne vor der Kulisse der Residenz. Auch hier, bei der Vorstellung der ersten wirklich modernen Stadtbusse aus dem Hause Büssing, wählte man den Sitz der Fürstbischöfe als würdigen Rahmen. Diese Wagen wurden im Übrigen vom Hersteller unter der Bezeichung „Trambus" vermarktet – auch damals machte die „Gummikonkurrenz" schon gerne und wie auch heute wieder „verbale Anleihen" bei der Schienenbahn, wohl um deren Beliebtheit bei den Menschen wissend …

Aufnahme: Stadtarchiv Würzburg

Bild 154 (unten rechts) – Der gerade eben fertiggestellte Busbahnhof neben dem Hauptbahnhof präsentiert sich mit einer Auswahl damals zeitgemäßer Busse unterschiedlicher Hersteller (von links nach rechts: Büssing, Magirus und Krauss-Maffei), die allesamt längst nicht mehr auf dem Busmarkt vertreten sind. Was damals modern und von bestechender Form war, ist sechzig Jahre später noch immer unverändert und schon längst nur noch Ärgernis: zwei Gelenkbusse müssen sich im Jahr 2017 die viel zu kurzen, nicht barrierefreien Haltestelleninseln teilen. Die Rathauspolitik hat andere Prioritäten …

Aufnahme: WVV

Bild 155 (oben links) – Die 1926 gegründete Karosseriefabrik Voll K. G. in Würzburg-Heidingsfeld bestand bis 1992. Die Firma spezialisierte sich mit ihrem umfangreichen Lieferprogramm vornehmlich auf die Fertigung von Aufbauten für Reise-, Stadt- und Linienomnibusse sowie von Lieferwagen. Vermutlich auf einem Fahrgestell der Fa. Opel zeigt sich dieser Bus augenscheinlich für Vorführungszwecke vor dem ehemaligen Betriebsgelände. Aufnahme: Sammlung Volkhard Stern

Bild 156 (oben rechts) – Von Gemünden kommend, hat der Krauss-Maffei/Rathgeber Bahnbus DB 23-304 am 23. Juli 1961 sein Fahrtziel, den Omnibusbahnhof vor dem Würzburger Hbf, erreicht. Insgesamt 30 Busse des Typs KMO 160, darunter auch der abgebildete Wagen, folgten 1955/56 in einer zweiten Serie den bereits 50 im Jahre 1954 gelieferten Bussen. Weitere 25 Stück sollten noch 1957/58 geliefert werden und so zur weiteren Verbreitung dieses Bustyps bei der Deutschen Bundesbahn beitragen. Aufnahme: Sammlung Ferdinand von Rüden

Bild 157 (unten links) – Während die auf ähnliche Weise beseitigten Straßenbahnen immerhin über 60 Jahre lang im Einsatz gewesen waren, hatten es die Omnibusse auf gerade einmal ein Jahrzehnt im Dienst gebracht. Sie verabschiedeten sich bei der damals üblichen Entsorgungsmethode durch Anzünden vor dem Verschrotten wegen verbrennender Reifen, Öle, Treibstoffreste, Kunststoffsitze, Kunstlederbezüge etc. mit umso eindrucksvolleren Qualmschwaden. Andere, gottlob vergangene Zeiten! Aufnahme: WVV-Archiv

Bild 158 (oben links) – Eine sehr schöne zeitgenössische Momentaufnahme zeigt den Halt eines Mercedes-Benz-Postbusses vom Typ O317 (aus einer neun Stück umfassenden Lieferung vom Juni/Juli 1963) am Würzburger Residenzplatz. Zahlreiche Fahrgäste haben den vermutlich als „Sonderkraftpost" eingesetzten BP 10-334 bereits verlassen und streben nun dem Besuch der repräsentativen und ausgedehnten Residenz bzw. der Würzburger Altstadt entgegen. Offenkundig war der großzügig angelegte Platz schon damals als Parkraum für den Individualverkehr beliebt.

Bild 159 (oben rechts) – Der Mercedes-Benz O317 ist noch fast fabrikneu, als er von der Kraftpost-Haltestelle vor dem Würzburger Hauptbahnhof seine Fahrgäste in Richtung Wenkheim aufnimmt. Zwischen Juli und Dezember 1960 erhielt die Deutsche Bundespost eine Großserie von 77 Bussen dieses Typs, die mit den BP-Nummern 16-903 bis 16-979 zum Einsatz kamen und den Wagenpark spürbar modernisierten. Aufnahmen (2): Lichtbildstelle der OPD Nürnberg, Sammlung Volkhard Stern

Bild 160 (unten rechts) – Der im Mai 1988 in Dienst gestellte Mercedes-Benz MB O 303-15 RHS wartet am 9. Juli des Jahres am Würzburger Omnibusbahnhof auf seine Abfahrt nach Heilbronn. Beide Städte waren zwischen 1988 und 1990 achtmal täglich durch eine in Zwei-Klassen-Konfiguration ausgestattete InterRegio-Buslinie miteinander verbunden. Dies war der Tatsache geschuldet, dass Heilbronn zu diesem Zeitpunkt zu den ganz wenigen Großstädten der Bundesrepublik Deutschland zählte, die nicht mit an das Netz getakteter hochwertiger Züge (IC oder IR) angebunden war. Der Geschäftsbereich Bahnbus Stuttgart versuchte dieses Manko mit den neu beschafften Fahrzeugen in IR-Produktfarben zu kompensieren. Dem Busangebot, das für den Service an Bord sogar mit einer DB-Hostess aufgewertet wurde, war allerdings kein nachhaltiger Erfolg beschieden.
Aufnahme: Volkhard Stern

Individual- und gewerblicher Straßengüterverkehr

Die Zerstörungen der Stadt im Zweiten Weltkrieg waren so vollständig, dass vorübergehend erwogen wurde, die Stadt in der Heidingsfelder Talbucht – ein Stück mainaufwärts – neu zu bauen.

Zu diesem radikalen Bruch mit der Vergangenheit ist es nicht gekommen. Die weitestgehend unversehrte Infrastruktur unter dem Straßenniveau, die Ver- und Entsorgungsleitungen sowie die wieder nutzbaren Fundamente und Kellergeschosse der zerstörten Häuser waren damals einfach zu wertvoll, um auf sie verzichten zu können. Rasch wuchsen auf den alten Grundmauern der Ruinen wieder erste Wohn- und Verkaufsbaracken.

Das dürfte Anlass genug gewesen sein für einen der prägendsten Beschlüsse zum Wiederaufbau in Sachen Verkehr. Das tradierte Straßennetz sollte weitgehend erhalten bleiben, die Stadt wurde auf ihrem alten Grundriss wieder aufgebaut. Der gewählte Weg wurde von vielen Seiten als rückwärts gewandt, zukunfts- und mobilitätsfeindlich kritisiert, aber letztlich konsequent durchgezogen.

Im Nachhinein verstummten die Gegner, denen im Grunde die „Vision à la Amerika" von einer autogerechten Stadt vorschwebte. Es wurde nämlich zunehmend erkennbar, dass nach dem Krieg mit dem Bewahren der menschlichen Maße bei Straßen und Plätzen die Grundlagen für das Wiederaufblühen der Altstadt gelegt wurden. Die Einrichtung von Fußgängerbereichen ab den siebziger Jahren tat ein Übriges.

Im Vergleich mit anderen Städten hat der Straßenverkehr – von einigen Ausnahmen abgesehen – nur relativ wenige wirklich unverzeihliche Wunden ins Stadtbild gerissen. Es gibt zahlreiche kleine und mittlere schmerzliche Fehlleistungen, aber nur wenige echte Katastrophen. Abbruchschneisen und Stadtautobahnen bis ins Zentrum sind der Stadt erspart geblieben.

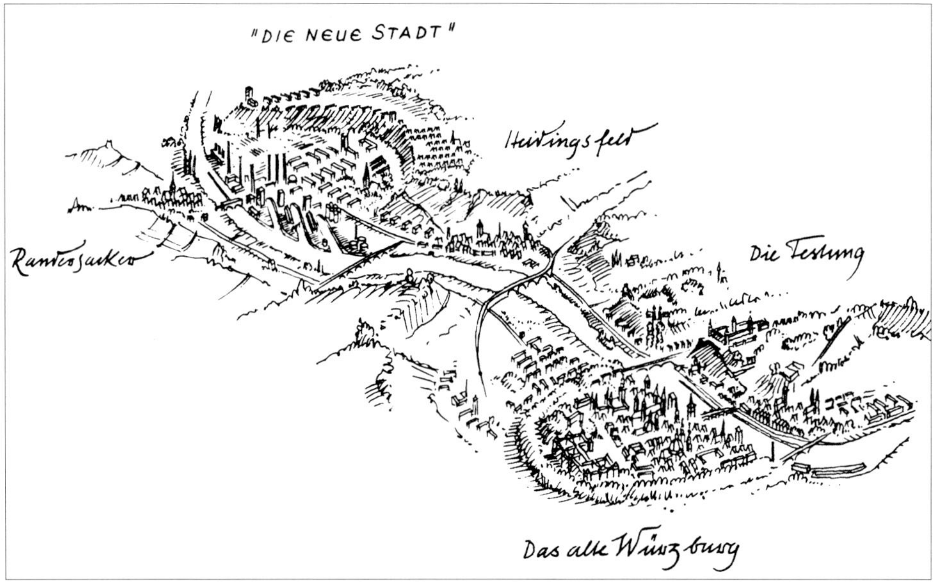

Bild 161 – Kurz nach Kriegsende entstand die Vision einer radikal neuen Stadt einige Kilometer mainaufwärts – nur die Altstadt wollte man demnach am alten Platz wieder aufbauen. Der Eisenbahnknoten Hauptbahnhof hätte dann weitab der Stadt auf freiem Feld gelegen und lange Fahrten wären notwendig gewesen, um von dort in die neue Stadt zu gelangen.
Zeichnung: Stadtarchiv Würzburg

Bild 162 – So lief noch bis Anfang der sechziger Jahre an zahlreichen ländlichen Verladeanlagen der Güterverkehr der Eisenbahn ab: Die Verlader waren für die Be- und Entladung selbst zuständig. Das vermutlich Anfang der zwanziger Jahre entstandene Bild zeigt ein zweispänniges bäuerliches Fuhrwerk an einer Station der Mainschleifenbahn, auf das die Arbeiter die gerade per Bahn in einem offenen Wagen angelieferten Dachziegel stapeln. Aufnahme: Sammlung Dr. Wolfgang Schramm

Bild 163 (oben) – In der Zwischenkriegszeit stand auf den Straßen der Frachtverkehr im Vordergrund. „Eröffnung des Verkehrs auf dem fahrbaren Anschlussgleis am 10.7.1934" ist auf dem festlich geschmückten Transport zu lesen, der hier – vermutlich im Bereich des Kohlenhofs – festgehalten wurde. Beachtenswert sind die Vollgummiräder der Zugmaschine und der Culemeyer-Straßenroller, die je eine Achse des mit Kohle beladenen Hochbordwaggons tragen. Auf diese Weise sparte man sich aufwendige Umladearbeiten und abseits des Schienennetzes gelegene Betriebe konnten rasch und kostengünstig mit Wagenladungen beliefert werden. Aufnahmen (3): Stadtarchiv Würzburg

Bild 164 (oben rechts) – Mit zunehmendem Autoverkehr „krachte" es auch immer öfter auf den Straßen. Bei diesem ungewollten Zusammentreffen am Rand der Nürnberger Straße waren die Folgen glimpflich und überschaubar. Vielleicht wollte der LKW-Fahrer wenden (siehe den ausgefahrenen Winker auf der Fahrerseite und die Reifenstellung) und der Renault-Fahrer schnell noch überholen? Nicht wenige Nachkriegsexistenzen wurden auf der Gründung eines Speditionsunternehmens nach Erwerb eines privatisierten Militär-LKW gegründet. Der im Bild gezeigte Büssing gehört einem Spediteur aus der französischen Zone, wie das Kennzeichen verrät und ist im Auftrag der DB unterwegs.

Bild 165 (rechts) – Was auf dem Altar des Götzen Automobil in den Nachkriegsjahrzehnten an städtischer Bebauung und öffentlicher Räume geopfert wurde, in welchem Umfang kriegsbeschädigte, aber wiederaufbaufähige Bausubstanz abgeräumt wurde, damit ließen sich Bücher füllen. Nicht alles, was da passierte, war gut und nutzbringend, nicht alles frevelhaft und schlecht. Charakteristisch für die damalige Zeit war allerdings das erschreckende Ausmaß an Rücksichtslosigkeit bei der Umsetzung: Gestalterisches Einfühlungsvermögen, Rücksichtnahme auf Meinungsvielfalt, gar Kompromisse zu Lasten des Autoverkehrs entsprachen nicht dem Zeitgeist. So geschah dies auch beim im Bild gezeigten Ausbau des Haugerrings zu Lasten des Ringparks, der grünen Lunge Würzburgs.

Bild 167 – Verkehrserziehung und Medientechnik anno 1955: Gerahmte Ölgemälde mit offensichtlich extra zu diesem Zweck angefertigten Szenen aus der Welt des Straßenverkehrs dienten der Unterweisung angehender Schülerlotsen in die Regeln des Verkehrs und in ihre Aufgaben.

Bild 166 – Kaum zu glauben, aber das war der Vorgänger des Berliner Rings, aufgenommen 1955. Von rechts kommt die Schweinfurter Straße, oben sehen wir im Hintergrund gerade noch die Auffahrt zur Grombühlbrücke, links geht es zum Haugerring. Gut zu erkennen, auf welchem Weg sich das Gleis der Grombühler Straßenbahn in Richtung Brücke schlängelte. Ein schöner Querschnitt durch die damalige Autolandschaft belebt das Bild – Lkws und Lieferwagen von Krupp, Opel und Mercedes, ein Omnibus mit Anhänger und diverse Pkws mit auffallend sportlichem Schwerpunkt dazwischen. Kurze Zeit später fielen mehrere Hektar der dort noch zusammenhängend vorhandenen Ringparkanlagen dem monumentalen Neubau des Kreisverkehrs „Berliner Ring" zum Opfer. Auch heute gibt es noch Verkehrsplaner, die in dieser Tradition weitermachen möchten.

Aufnahmen (2): Stadtarchiv Würzburg

Bild 168 (oben links) – Im Jahr 1956 wurde in der Bundesrepublik ein neues Kennzeichensystem auf kommunaler Basis für Kraftfahrzeuge eingeführt, das die bisherige Beschilderung auf Basis der Bundesländer ablöste. Die alten Schilder, im Würzburger Fall stand „B" für „Bayern", mit weißer Schrift auf schwarzem Grund, wichen weißen Schildern mit schwarzer Schrift. Nach dem Kürzel „WÜ" bekam die kreisfreie Stadt Würzburg die Kombination aus zwei Buchstaben und bis zu drei Ziffern zugeteilt, Kennzeichen aus dem Landkreis erhielten einen Buchstaben und ebenfalls bis zu drei Ziffern. Das reichte bis Mitte der siebziger Jahre aus, dann wurden die Ziffern vierstellig.

Aufnahme: Stadtarchiv Würzburg

Bild 169 (oben rechts) – Als dieses Bild 1954 am Kürschnerhof entstand, war der Wiederaufbau der Stadt im vollen Gange. Die Barackenzeile in der linken Bildhälfte war gleich nach der Trümmerräumung auf alten Hausfundamenten entstanden und wurde in den Folgejahren durch vollwertige Bauten ersetzt. Ursprünglich sollte hier gar nicht wieder aufgebaut werden, sondern die Blasiusgasse und der Kürschnerhof zu einem „modernen" breiten Straßenzug zusammengelegt werden. Doch die Grundstückseigentümer waren schneller – wofür die Würzburger ihnen noch heute danken dürfen! Die Straßenbahn der Linie 1 ist auf dem Weg nach Grombühl.

Bild 170 (unten rechts) – Eine prachtvolle Straßenszene aus der Kaiserstraße der späten fünfziger Jahre: Der Autoverkehr hat mit viel Glitzer und Glamour den Straßenraum bereits so gut wie vollständig übernommen, die Straba darf noch „mitschwimmen", wird aber immer öfter auf den Friedhof gewünscht. Noch gibt es im Lieferverkehr auch Pferdegespanne, besonders im Dienst von Brauereien, aber beherrscht wird das Bild längst von LKW wie dem sichtbaren Magirus-Biertransporter der Würzburger Hofbräu.

Aufnahmen (2): Sammlung Thomas Naumann

Bild 172 – Die Schönbornstraße am Dominikanerplatz in der Vorweihnachtszeit 1956 mit Regen statt Schnee – typisch für das Würzburger „Winterwetter". Trotzdem eine stimmungsvolle Aufnahme, die genau das gekonnt in Szene setzt, was damals vielen das Erstrebenswerteste im Leben zu sein schien: Der Konsum, der im Besitz eines eigenen Kraftwagens gipfelte. Ein VW-Käfer mit „Brezelfenster", ein Mercedes 180 und ein Opel-Rekord beherrschen die Szenerie.

Bild 171 (links) – Ein Schock war für viele Autofahrer die Einführung der ersten Parkuhren im Stadtzentrum, zunächst nur an wenigen Stellen. Es war wohl weniger der Gedanke an die Einnahmen für die Stadt als ein zugunsten des Einzelhandels erwünschter schneller Umschlag der Nutzer, der zur Limitierung und Bepreisung des knappen Parkraums führte. Viele Berufstätige stellten ihre Pkws damals ganztags und zum Ärger der Geschäftsleute gratis im Stadtzentrum ab, so dass es für deren Kundschaft oft keine Parkplätze mehr gab.

Aufnahmen (2): Stadtarchiv Würzburg

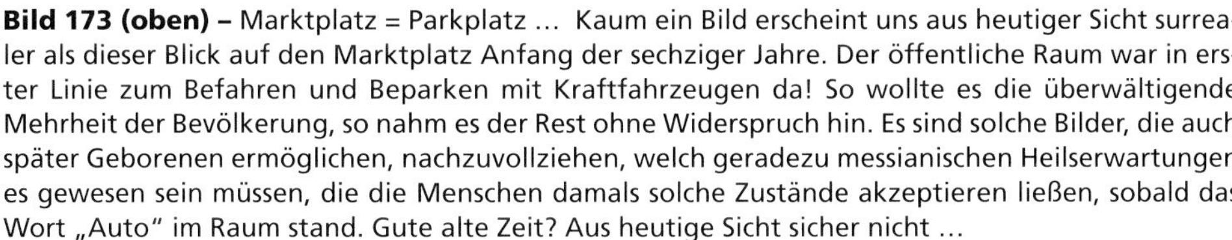

Bild 173 (oben) – Marktplatz = Parkplatz … Kaum ein Bild erscheint uns aus heutiger Sicht surrealer als dieser Blick auf den Marktplatz Anfang der sechziger Jahre. Der öffentliche Raum war in erster Linie zum Befahren und Beparken mit Kraftfahrzeugen da! So wollte es die überwältigende Mehrheit der Bevölkerung, so nahm es der Rest ohne Widerspruch hin. Es sind solche Bilder, die auch später Geborenen ermöglichen, nachzuvollziehen, welch geradezu messianischen Heilserwartungen es gewesen sein müssen, die die Menschen damals solche Zustände akzeptieren ließen, sobald das Wort „Auto" im Raum stand. Gute alte Zeit? Aus heutige Sicht sicher nicht …

Bild 174 (oben rechts) – Die Anfang der siebziger Jahre gebaute neue Grombühlbrücke – vierspurig musste sein, auch wenn die engen Sträßchen des alten Eisenbahnerstadtteils Grombühl den damit möglichen Verkehr gar nicht aufnehmen können. Bis heute ist das Verkehrsaufkommen dort überschaubar geblieben, das Bauwerk völlig überdimensioniert – damals übliche Verkehrspolitik. Eine Straßenbahn der Linie 3 fährt nach Grombühl, unter der Brücke herrscht reges Treiben auf den Ladegleisen der Stückgutabfertigung. Aufnahme: Sammlung Thomas Naumann

Bild 175 (unten rechts) – Diese schwere Kaelble-Zugmaschine gehörte zum Standort Würzburg der Kraftverkehrssparte der BD Nürnberg. Mit Schwertransport-Tiefladern und Straßenrollern zum Transport von Eisenbahngüterwagen im Schlepp gehörten sie lange Jahre zum alltäglichen Erscheinungsbild auf den Straßen der Stadt und stellten Güterwagen an Betriebe zu, die keinen Gleisanschluss hatten. Hier sehen wir ein Schwerlastgespann auf dem Gelände des ersten Würzburger Bahnhofs in der Ludwigstraße, wo heute das Stadttheater steht. Aufnahmen (2): Stadtarchiv Würzburg

Mainschifffahrt

Bis zum Eisenbahnbau bestimmte die Schifffahrt auf dem Main den Gütertransport, doch war dieser stets den schwankenden, von Wetter und Jahreszeit abhängigen Wasserständen ausgesetzt. War weniger als die „Handbreit Wasser" unter dem Kiel, musste umständlich, zeitraubend und teuer auf Fuhrwerke umgeladen werden, die sich dann für den Weitertransport über ein Wegenetz von sehr bescheidener Güte quälten.

Ansonsten ließ man flussabwärts die Lastkähne oder die Langholzflöße aus dem Frankenwald mit der Strömung treiben. Flussaufwärts mussten sie mit Pferde- und Menschenkraft über Treidelwege, die entlang der Ufer geführt waren, gegen den Strom gezogen werden. Je nach Beschaffenheit der Ufer wechselten die Treidelpfade die Flussseite, so dass die beschwerlichen Umstände mit einer äußerst geringen Leistungsfähigkeit dieses Transportweges einher gingen. Aber etwas Besseres gab es nicht.

Erst als um die Mitte des 19. Jahrhunderts Dampfschiffe mit Schaufelradantrieb aufkamen, schien es spürbar voranzugehen mit dem Wassertransport. Im Jahr 1841 brach auch das Zeitalter der Personenschifffahrt an, die nun von Würzburg aus tägliche Verbindungen flussabwärts nach Mainz und mainaufwärts nach Kitzingen herstellte.

Kaum war diese Innovation auch auf dem Main nutzbar, entstand der Binnenschifffahrt mit dem etwa zeitgleich begonnenen und in ungeheurem Tempo vollzogenen Eisenbahnbau nachhaltige Konkurrenz auf Schienen. Diese entzog der Flussschifffahrt in kürzester Zeit ihre Existenzgrundlage. Die Eisenbahnverbindung entlang des Mains von Würzburg bis zur Mündung in den Rhein war rund 80 % kürzer als der Wasserweg. Die Züge fuhren schneller und konnten weitestgehend unabhängig vom Wetter regelmäßig verkehren. Als die modernen Dampfschiffe bis 1860 den Main schon wieder verlassen hatten, schien es zunächst vorbei zu sein mit dem Warentransport auf dem Wasser.

Doch 20 Jahre später versuchte man mit einem technisch innovativen und erfolgversprechenden Ansatz noch einmal, mit der Eisenbahn auf Augenhöhe zu kommen. Nach Vorbildern auf der Elbe und dem Neckar sollte zwischen Mainz und Bamberg eine Kette im Fluss verlegt werden, entlang derer sich Schleppverbände aus einem Kettenschiff und bis zu zehn angehängten Frachtkähnen bewegen konnten. Ab August 1886 waren Schleppschiffe auf dem Main unterwegs, zunächst von Mainz bis Aschaffenburg und und in weiteren Etappen flussaufwärts, bis schließlich 1912 Bamberg erreicht war.

Damals hatte jedoch auch diese Technik bereits ihren Zenit überschritten und war zum Auslaufmodell geworden. Erschwerend kam hinzu, dass alle für die Häfen am Main bestimmten Güter in Mainz von den Rheinschiffen auf die Mainkähne umgeladen werden mussten. Im Mai 1938 war die unterhaltungsintensive und beschwerliche Kettenschifffahrt wieder beendet.

Da gehörte die fahrplanmäßige Personenschifffahrt bereits lange der Vergangenheit an. Sie konnte gegen die Eisenbahn ebensowenig bestehen wie die Postkutsche. Dagegen hatte die Ausflugsschifffahrt in und um Würzburg stets Bestand, traditionell vor allem mainabwärts bis Veitshöchheim, bis heute ein „Klassiker des Sonntagsausflugs".

Bereits 1921 begannen erste Arbeiten zum Ausbau des Mains als in Teilen kanalisierte Schifffahrtsstraße, die zudem ab Bamberg durch den Bau des Main-Donau-Kanals eine Befahrbarkeit bis zum Schwarzen Meer sicherstellen sollte. Stück für Stück wurde aus dem überwiegend natürlichen Lauf des Mains ein Kanal, der durch zahlreiche Staustufen in eine Folge von Flussabschnitten mit weitgehend konstanter Wasserführung aufgeteilt war. Mehrfach wurde in Folge die Fahrrinne vertieft.

In Würzburg entstand ein moderner Hafen in der flussabwärts gelegenen Dürrbachauer Talbucht, wesentlich größer als der alte Stadthafen am nördlichen Rand der Innenstadt. All diese Maßnahmen haben – ebenso wie der 1992 endgültig fertig gestellte „Main-Donau-Kanal" – allerdings nicht zu einer Bedeutungssteigerung des Verkehrsträgers Frachtschiff auf dem Main geführt. Die Transportmengen der Wasserstraße Rhein – Main – Donau gehen vielmehr ständig zurück. Lediglich der hessische Untermain von Frankfurt (M) bis zur Rheinmündung kann auf einen regen Schiffsverkehr verweisen.

Geschichte sind inzwischen die Personenfähren, mit denen man einst an zahlreichen Orten den Main queren konnte. Als letzte in Würzburg stellte Anfang der siebziger Jahre die Fähre am Sanderauer Ufer ihren Betrieb ein.

Vermehrt sind hingegen Kreuzfahrtschiffe auf dem Main zu sehen. Neben diesen touristischen Verkehren wird das Treiben auf dem Main bei schönem Wetter aber fast nur noch von einigen Ausflugsschiffen und privaten Sportbootfahrern bestimmt. Hinzu kommen einige wenige Frachtschiffe – eine Stunde ohne jede Schiffsbewegung ist auch in Würzburg inzwischen nichts mehr Ungewöhnliches.

Im Gegensatz zur Eisenbahn – vor allem zwischen Gemünden und Würzburg folgen die Güterzüge einander oft im Blockabstand – hat der Main hier als Verkehrsweg nur eine bescheidene Bedeutung.

Bild 176

Die Güterschifffahrt auf dem Main wurde von den 1886 bis 1936 hauptsächlich von Kettenschleppern bewältigt; stromaufwärts war von Mainz bis Bamberg eine Kette im Main verlegt, an der sich Dampfschleppschiffe gegen die Strömung bergauf arbeiteten und dabei mit bis zu zehn Schleppkähnen behängt waren. Die „Mainkuh" Nr. 1 wurde vor der Kulisse der Alten Mainbrücke abgelichtet und vermutlich für dieses Portrait extra dort in Szene gesetzt. Weder deutet etwas auf einen angehängten Schleppzug hin, noch sind Mannschaften erkennbar. Die Vermutung liegt nahe, dass das Bild um die Betriebsaufnahme herum entstanden sein könnte. Die als Eigentümerin des Schleppers angeschriebene K.B.K.S. – Königlich Bayerische Kettenschleppschiffahrtsgesellschaft – wurde 1898 gegründet und stand von Anfang an unter Verwaltung der Königlich Bayerischen Staatseisenbahnen. 1918, nach Ende der Königsherrschaft, wurde die Gesellschaft in B.K.S. umbenannt.

Bild 177

Trotz der friedlich wirkenden sommerlichen Stimmung könnte bereits Krieg herrschen, als dieses Bild nach Sonnenstand am späten Vormittag aufgenommen wurde. Das Fahrgastschiff deutet auf einen hochsommerlich heißen Sonntag hin, mit ausgerollten Sonnenschutzbahnen für den nachmittäglichen Ansturm der Ausflügler gerüstet. Eine Fähre setzt gerade zum Mainviertel über, wo mehrere Frachtkähne und Schlepper festgemacht haben. Das LKW-Gespann – scheinbar ein Brauereizug – könnte die Ausflugsdampfer mit Getränken versorgen. Wenn auch von der deutlich sichtbaren Bebauung mit der Alten Mainbrücke, der Festung und der Burkarder Kirche lediglich drei markante Bauwerke nach der Zerstörung wiedererstanden sind, wirkt der Blick vom Alten Kranen vertraut. Von einem der schönsten Würzburger Biergärten aus kann man ihn heute noch bzw. wieder so genießen.

Aufnahmen (2): Stadtarchiv Würzburg

Bild 179 – Ein rares Dokument aus der Zeit kurz nach 1945 zeigt den als Ersatz für die zerstörte Luitpoldbrücke eingerichteten Fährbetrieb zum Mainviertel. Die lange Warteschlange zeigt, wie groß der Bedarf für diese Verbindung war.

Bild 178 (links) – Mit der beginnenden Kanalisierung und dem Staustufenbau rückte das Ende der Kettenschifffahrt näher. Man erzählte sich, dass die Kette bei der Befahrung ein lautes Rasseln erzeugt und auch das Signalhorn der Schlepper an das Muhen von Kühen erinnert haben soll, so dass ihnen der Spitzname „Mainkuh" zugeschrieben wurde. Hier sehen wir die Mainkuh Nr. 8 „Aschaffenburg" vor der Kulisse der unzerstörten Würzburger Altstadt 1938 auf ihrer allerletzten Kettenfahrt, schon nicht mehr unter Last, sondern bei der Bergung der Kette aus dem Main. Wir sehen, wie die Kette aufgenommen und in den mitgeführten Lastkahn verfrachtet wird. Mit Beendigung dieser Arbeiten in Bamberg war die Epoche der Kettenschifffahrt auf dem Main endgültig beendet. Die Kettenschlepper standen im Eigentum der Deutschen Reichsbahn und wurden von dieser betrieben. Darauf weist auch die Anschrift „DR" (das „G" ist übermalt) hin – die vollständige Betriebsnummer lautete DR. KS Nr. VIII.

Aufnahmen (2): Stadtarchiv Würzburg

Bild 180 – Hauptbeschäftigung für die Mainschiffe nach dem Kriegsende war der Transport von Trümmerschutt, hier bei der Verladung zu Füßen der provisorisch befahrbar gemachten, aber noch völlig zerstörten Alten Mainbrücke. Der „Stadtverkehr" war damals mehr von der Trümmerbahn als von anderen Fahrzeugen geprägt – und dennoch erstaunt es immer wieder, sich vorzustellen, dass aus der scheinbar hoffnungslosen Trümmerwüste innerhalb von nur rund 15 Jahren wieder eine voll funktionsfähige Großstadt auferstanden war. Heute gelingt es in ähnlichen Zeiträumen nicht einmal eine neue Straßenbahnstrecke fertig zu planen, geschweige denn zu realisieren …

Bild 181 (rechts) – Ein großer Teil des Trümmerschutts wurde mit Schiffen aus der Stadt abtransportiert. Im Gegenzug kamen große Mengen Baustoffe, die für den Wiederaufbau benötigt wurden. Lange Abschnitte der Mainkaianlagen am Sanderauer Ufer und in der Stadtmitte wurden dafür genutzt, wie hier in der äußeren Sanderau, wo mit einem noch für die fünfziger Jahre typischen Dampfkran vor der Kulisse der Festung Marienberg verladen wird. Heute dehnt sich in den Sommermonaten entlang des Flussufers einer der führenden, wenn nicht der schönste deutsche „Stadtstrand" aus, wo man in lauen Nächten vor der prachtvollen Kulisse von Festung, Löwenbrücke und Käppele Tango tanzen sowie Cocktails und andere Leckereien genießen kann. Aufnahmen (2): Stadtarchiv Würzburg

Bild 182 (oben links) – Ein Schiff – aber kein Verkehrsmittel – erinnert an eine über viele Jahrzehnte geschätzte Dienstleistung der Stadt Würzburg: die Bereitstellung sogenannter Waschschiffe. Bevor die Waschmaschine zur Alltagsausstattung praktisch aller Haushalte gehörte, nutzten viele Hausfrauen das Mainwasser zur Säuberung ihrer Wäsche. Beim gemeinschaftlichen Schrubben wurden aber – und das war mindestens ebenso wichtig – Neuheiten ausgetauscht und ausgiebig „geratscht", wie die Franken dies nennen. Obwohl der Fluss damals hochgradig verschmutzt war, stellte niemand aus hygienischen Gründen diese Praxis in Frage, sondern nur, weil es eine echte Plackerei war. Die Flusswäsche hatte Bestand bis in die sechziger Jahre, dann verschwanden die bis dahin an zahlreichen Stellen liegenden Waschschiffe aus dem Stadtbild.

Bild 183 (oben rechts) – Eine wunderschöne Panoramaansicht auf den Fluss, die Alte Mainbrücke und die Hänge des Würzburger Steinbergs, dessen klangvoller Name Weine von Weltruhm tragen. Die Ansicht zeigt noch ganz das Bild der traditionellen Flussschifffahrt: kleine alte Lastkähne, ein Schlepper und diverse Beiboote liegen im Unterwasser der alten Schleuse vor Beginn der Kanalisierungsausbauten. Die Wiederaufbauarbeiten an der Alten Mainbrücke stehen kurz vor dem Abschluss; wer genau hinsieht, erkennt im Hintergrund noch die Personenfähre vom Alten Kranen zum Mainviertel.

Bild 184 (links) – Die Schleuse Würzburg der Großschifffahrtsstraße Rhein-Main-Donau kurz nach ihrer Fertigstellung. Ein Schleppkahn und ein Selbstfahrer damaliger Dimension fahren ins Oberwasser der Staustufe aus und vermitteln einen Eindruck der seither ins Land gegangenen Entwicklung: heute bestimmen Motorschiffe das Bild, die die Breite der Schleusenkammer exakt ausfüllen.

Aufnahmen (3) Stadtarchiv Würzburg

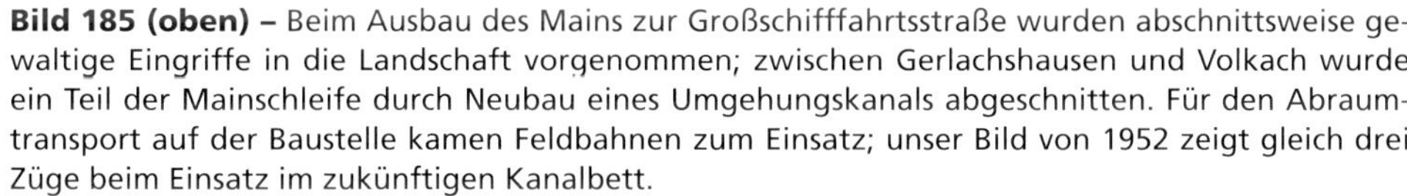

Bild 185 (oben) – Beim Ausbau des Mains zur Großschifffahrtsstraße wurden abschnittsweise gewaltige Eingriffe in die Landschaft vorgenommen; zwischen Gerlachshausen und Volkach wurde ein Teil der Mainschleife durch Neubau eines Umgehungskanals abgeschnitten. Für den Abraumtransport auf der Baustelle kamen Feldbahnen zum Einsatz; unser Bild von 1952 zeigt gleich drei Züge beim Einsatz im zukünftigen Kanalbett.

Bild 186 (oben rechts) – Parallel zum Wiederaufbau wurde die Kanalisierung des Mains schrittweise von Mainz her vorangetrieben. 1954 wurde die neue Schleuse Würzburg in Betrieb genommen, was am 5. Juli groß gefeiert wurde. Ein Konvoi aus Fahrgastschiffen fährt hier vom Unterwasser her in das große Schleusenbecken ein. Die Bevölkerung nimmt regen Anteil, auf der Brücke ist jeder Platz mit Aussicht belegt. Die Architekten hatten sich große Mühe gegeben, das recht voluminöse Bauwerk mitten in den „Blick der Blicke" über Fluss und Alte Mainbrücke auf Festung und Käppele harmonisch einzugliedern. Es ist ihnen gelungen, was von so manch anderen Bauwerk leider nicht behauptet werden kann. Aufnahme: Stadtarchiv Würzburg

Bild 187 (rechts) – Und zum Abschluss noch ein Blick ins Würzburger Umland, in diesem Fall ins Maindreieck nach Volkach. Heute muss man nirgendwo mehr als ein paar Kilometer fahren, um den Main auf einer der zahlreichen seit Mitte der sechziger Jahre neu gebauten Brücken überqueren zu können. Das war früher ganz anders, es gab nur wenige feste Flussquerungen, dafür aber zahlreiche gut frequentierte Fähren. Von kleinen Personenfähren, bei denen der Fährmann den Kahn mit Muskelkraft stakte, bis zu motorgetriebenen Fahrzeugfähren waren viele Varianten vertreten. Hier sehen wir eine bäuerliche Fuhre und eine für die damalige Zeit außergewöhnliche „Staatskarosse" in den frühen fünfziger Jahren vereint beim Übersetzen.

Aufnahmen (2): Sammlung Dr. Wolfgang Schramm

Danke!

Ohne die tatkräftige Mithilfe und Unterstützung zahlreicher namhafter Fotografen, Sammler und Archive, denen an dieser Stelle ausdrücklich für ihre engagierte und wertvolle Unterstützung gedankt sei, hätte dieses Buch nicht entstehen können. Dies gilt in gleichem Maße auch für die wertvolle Gestaltungsarbeit von Roland Scheller sowie die professionelle Bildbearbeitung von Sabine Ressel und Rico Schreiber im EK-Verlag.

Ausdrücklich eingeschlossen seien aber auch die Autoren bereits erschienener Publikationen und Internet-Veröffentlichungen, die uns als wichtige Grundlage zur Recherche unverzichtbar waren. Das Quellenverzeichnis lädt den interessierten Leser deshalb bewusst ein, sich auch in diese weiterführende Literatur zu vertiefen.

Wir bedanken uns zudem ganz herzlich bei:

Reiner Bimmermann, Joachim Bügel, Thomas Engert, Robin Fell, Robin Garn, Mike Harper, Stefan Höltge, Helmuth Hombach, Walter Hombach, Helge Hufschläger, Norman Kampmann, Frank Keller, Jörg Kirschner, Andreas Knipping, Wolfgang Kramer, Ulrich Montfort, Rainer Nenninger, Dierk Lawrenz, Harald Ott, Ingrid Rack, Dr. Brian Rampp, Jörg Sauter, Peter Schiffer, Hans Schülke, Dr. Wolfgang Schramm, Günther Severin, Stadtarchiv Würzburg, Volkhard Stern, Dieter Waltking, VDVA, Wasser- und Schifffahrtsdirektion Süd, Würzburger Versorgungs- und Verkehrsbetriebe.

In stillem Gedenken an die leider verstorbenen Bildautoren verneigen wir uns vor:

Carl Bellingrodt, Peter Boehm, Eduard Bouwmann, Kurt Eckert, Dieter Höltge, Manfred von Kampen, Klaus Ruppert, Albert Schöppner, Gottfried Turnwald

Abschließender Hinweis:
Für den Fall, dass es ungeachtet sorgfältigster Recherche bei der Nennung der Bildautoren und Unterstützer zu einem Fehler oder gar einer namentlichen Nichtberücksichtigung gekommen sein sollte, bitten wir dies ausdrücklich zu entschuldigen. Sollten daraus etwaige Honoraransprüche erwachsen, nehmen Sie bitte über den EK-Verlag vertrauensvollen Kontakt zu den Autoren auf.

Literaturhinweise:

Bleiweis, Wolfgang: Dampflokomotiven in Würzburg; Schweinfurt 1991

Bleiweis, Wolfgang; Andreas, Hans Dieter:
EJ-Sonderausgabe „Elektrolokomotiven beim Bw Würzburg"; Fürstenfeldbruck 1988

Ebel, Jürgen U.; Knipping, Andreas; Wenzel, Hansjürgen: Die Baureihe 78; Freiburg 1990

Gebhardt, Wolfgang: Deutsche Reiseomnibusse; Stuttgart 2009

Goette, Peter: Leichte F-Züge der Deutschen Bundesbahn; Freiburg 2011

Hahn, Clemens; Jaster, Bodo; Eikhoff, Dieter:
Bahn-Special: Die Nord-Süd-Strecke; München 1996

Heinrich, Peter; Schülke, Hans: Bahnknotenpunkt Würzburg; Freiburg 1990

Hertwig, Roland: Die Einheitselloks der DB: E 10, E 40, E 41, E 50; Freiburg 1995

Maier, Matthias: Die Baureihe V 200; Freiburg 2005

Naumann, Thomas: Geschichte der Würzburger Straßenbahn; Würzburg 1982

Naumann, Thomas: „Sonderzüge in den Tod" in Bahn-Epoche 21; Fürstenfeldbruck 2017

Rampp, Brian: Die Baureihe E 18; Freiburg 2003

Rampp, Brian: Die Baureihe E 44; Freiburg 2009

Rampp, Brian; Bäzold Dieter; Lüdecke, Frank: Die Baureihe E 94; Freiburg 1990

Rockelmann, Ulrich: „Endstation Würzburg" in Lok-Magazin 5/2011; München 2011

Rockelmann, Ulrich: „Das Bw Würzburg" in Lok-Magazin 6/2011; München 2011

Scharf, Hans-Wolfgang: Eisenbahn zwischen Neckar, Tauber und Main, Bd. 1+2; Freiburg 2001

Schliephake, Konrad; Knopp, Hans-Jürgen; EJ Special: Main-Spessart-Bahn;
Fürstenfeldbruck, 1993

Schmuck, Suse: Der Bahnhof und sein Platz; Würzburg 2009

Seiler, Bernd; Ebel, Jürgen U.: Die Baureihe 45; Freiburg 2005

Stern, Volkhard: Die Straßenfahrzeuge der Deutschen Bundesbahn; Teningen 2002

Stern, Volkhard: Chronik der Kraftpost; Teningen 2005

von Rüden, Ferdinand: „Bayerns schnellste Schiene" in EJ 7/2006; Fürstenfeldbruck 2006

von Rüden, Ferdinand: Verkehrsknoten Nürnberg; Freiburg 2010

Wenzel, Hansjürgen: Die preußische P8; Freiburg 1994

www.drehscheibe-online.de; www.elektrolok.de; www.wikipedia.de; www.wuerzburgwiki.de

Selbstöffner

An der Einstiegstür befindet sich der abgebildete Druckknopf, der durch Ihre Bedienung die Tür öffnet.

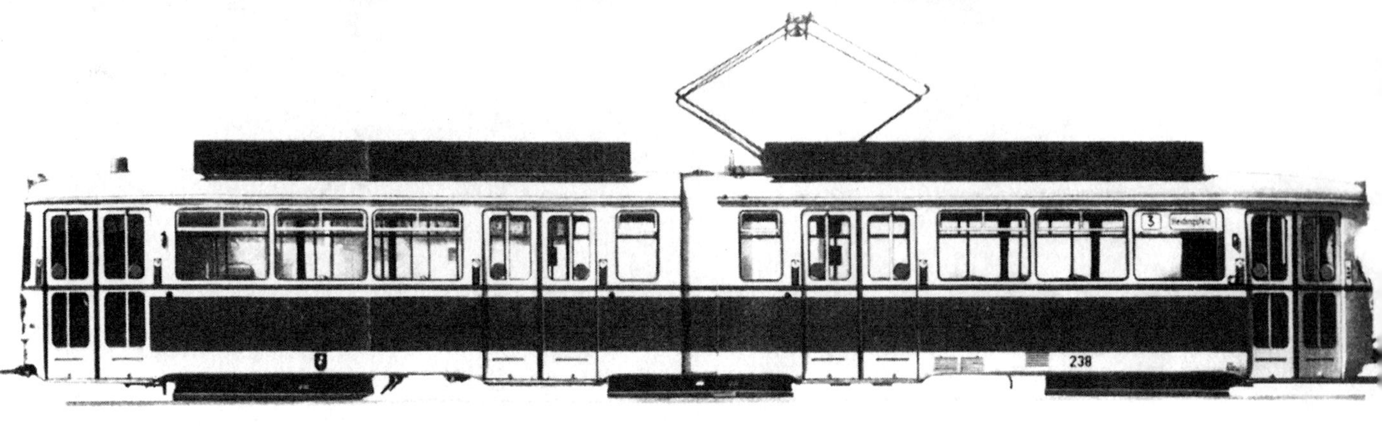

Kinderwagen

Kinderwagen ist der Einstieg an den Türen gestattet, die mit dem grünen Kinderwagensymbol gekennzeichnet sind. Hier befindet sich der Stellplatz für Kinderwagen.

Das Entwertungsgerät

Im Wagen für Selbstbedienung befinden sich die nebenstehend abgebildeten Selbstentwerter. Der Fahrgast entwertet sofort nach dem Einstieg in den Wagen seinen Fahrtausweis. Die Handhabung des Gerätes ist an jedem Entwertergerät beschrieben. Wer ohne gültig entwerteten Fahrtausweis angetroffen wird, hat unbeschadet strafrechtlicher Verfolgung gemäß Ziffer VII der Tarifbestimmungen ein erhöhtes Fahrgeld (10 bis 15 DM) zu entrichten.
Dies gilt auch für Kinder und Gepäckstücke, die nach den Tarifbestimmungen nicht unentgeltlich befördert werden.

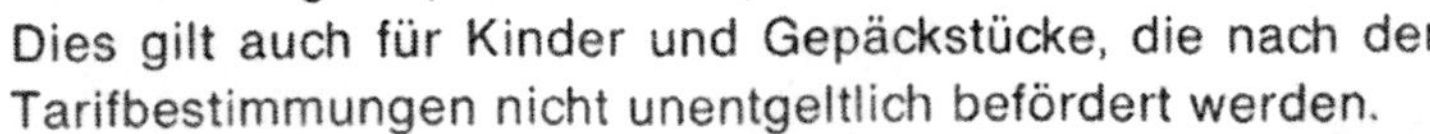

Fahrgast

Halt

Wer aussteigen will . . .

. . . muß das rechtzeitig vor der Haltestelle dem Fahrer ar zeigen. An den Fensterreihen befinden sich Druckknöpfe fü das Haltesignal. Bei deren Betätigung erscheint beim Fahre die Leuchtschrift „Wagen hält".

Automatische Ausstiegstüren

Wagen mit automatischen Türanlagen öffnen sich selbs tätig. An den Haltestangen vor den Ausstiegstüren befinde sich Druckknöpfe. Wenn der Wagen hält, erscheint hier d Leuchtschrift „Aussteigen bitte Knopf drücken". Nach B tätigung des Knopfes öffnet sich die Türe und bleibt so lang geöffnet, als Fahrgäste nacheinander aussteigen.